Apel Theodor

Führer auf die Schlachtfelder Leipzigs im Oktober 1813 und zu deren Marksteinen

Apel Theodor

Führer auf die Schlachtfelder Leipzigs im Oktober 1813 und zu deren Marksteinen

ISBN/EAN: 9783744682183

Hergestellt in Europa, USA, Kanada, Australien, Japan

Cover: Foto ©ninafisch / pixelio.de

Weitere Bücher finden Sie auf **www.hansebooks.com**

Führer

auf die Schlachtfelder Leipzigs

im October 1813

und

zu deren Marksteinen.

Von

Theodor Apel.

Leipzig,
Albert Hoffmann.
1863.

Inhaltsverzeichniss.

	Seite
Einleitung	1

16. October. A. Schlacht bei Wachau.
Französische Linie:
Victor, Herzog von Belluno, Marschall	5
Oudinot, Herzog von Reggio, Marschall	7
Augerau, Herzog von Castiglione, Marschall	8
Poniatowski, Fürst v., Marschall	10
Lauriston, Marquis v., General	11
Mortier, Herzog v. Treviso, Marschall	13
Macdonald, Herzog v. Tarent, Marschall	14

Linie der Verbündeten:
Eugen, Prinz v. Württemberg, General	16
Kleist v. Nollendorf, Graf, Generallieutenant	18
Bianchi, Freiherr v., Feldmarschalllieutenant	20
Pahlen III., Graf v. d., General	21
Gortschakoff, Fürst, General	23
Klenau, Graf v., General	23

Der Monarchenhügel bei Güldengossa	25
Schäferei Auenhain	27
Wanderung durch das Wachauer Schlachtfeld	29

16. October. B. Schlacht bei Möckern.
Französische Linie:
Marmont, Herzog v. Ragusa, Marschall	33
Lagrange, Marquis v., Generallieutenant	35
Compans, Generallieutenant	36
Frédéric, General	37
Dombrowski, General	38
Souham, Graf, Divisions-General	39
Delmas, General	40

Seite

Linie der Verbündeten:
Blücher, v., General 42
York, Graf v. Wartenburg, Generallieutenant . . 45
Sacken, v., General 47
St. Priest, v., General 48
Langeron, Graf, General 49
Wanderung durch das Schlachtfeld von
    Möckern 51

16. October. C. Gefecht bei Lindenau.   53
Französische Linie:
Bertrand, Graf, General 54
Guylai, „   „ -Feldzeugmeister 56
Philipp August Friedrich, Prinz von Hessen-Homburg,
    Feldmarschalllieutenant 57
Liechtenstein, Fürst von, Feldmarschalllieutenant . 58
Wanderung durch das Gefechtsfeld von
    Lindenau 60

18. October. D. Schlacht bei Leipzig 61
Linie der Verbündeten:
Friedrich, Erbprinz von Hessen-Homburg, General 63
Nostitz, Graf v., General 64
Barclai de Tolli, General 65
Bennigsen, Graf v., General 67
Carl Johann, Kronprinz von Schweden 69
Bogue, engl. Capitain 71
Langeron, Graf, General 72
Blücher, v., General 73
Der Monarchenhügel bei Meusdorf 74
Französische Linie:
Poniatowski — Augerau — Oudinot, Marschälle . 76
Victor — Lauriston, Marschälle 77
Macdonald, Marschall 78
Reynier, General 79
Ney, Fürst von der Moskwa, Marschall 81
Marmont, Marschall 84
Dombrowski, General 84
Mortier, Marschall 85
Der Napoleonstein 86
Wanderung durch das Schlachtfeld von Leip-
    zig am 18. October 88
Schlusswort 90

Einleitung.

Der Besucher eines Schlachtfeldes betritt dasselbe jedenfalls in der Absicht, die Eigenthümlichkeit des Terrains kennen zu lernen, auf welchem die furchtbaren Kämpfe stattfanden, dessen Beschaffenheit und Gestaltung so oft die Ursachen von Siegen und Niederlagen wurden, die ohne genaue Kenntniss desselben unerklärlich geblieben wären. Auch der Laie in der Kriegskunst empfindet das erhebende Gefühl des Verweilens auf einem Boden, welchen die Geschichte geheiligt hat für ewige Zeiten.

Es wird zur Ehrenpflicht der Bewohner solchen geschichtlichen Bodens, dem Besucher von nah und fern seinen Gang durch die denkwürdigen Fluren zu erleichtern, um Nichts zu versäumen, was ein möglichst treues Bild von den Grossthaten beleben kann, welche die Vergangenheit hier vollbringen sah. Der Zeitraum eines halben Jahrhunderts hat in der Schlachtenberühmten Umgegend Leipzigs viel, sehr viel geändert. Wälder wurden gelichtet, Strassen und Flussbetten verlegt, Teiche ausgetrocknet, und blühende Dörfer und Gärten stiegen empor, wo die furchtbarste Verwüstung die trostloseste Zukunft erwarten liess. Nur die wogenförmigen Höhenzüge, meistens von Morgen nach Abend sich erstreckend, die so einflussreich auf den Verlauf der Kämpfe vom 14. bis 19. October 1813 waren, diese allein sind geblieben und gewähren uns noch heute Umsicht und Einsicht in die flachen, Thalähnlichen Vertiefungen, in welchen hauptsächlich die Schlacht tobte.

Wichtig ist es, die Stellen zu bezeichnen, von denen aus am leichtesten der Ueberblick auf den Schauplatz der hervorragendsten Ereignisse gewährt wird. Wichtiger vielleicht noch wird der Hinweis auf die Punkte, welche die Anführer mit ihren Heerhaufen einnahmen, die am Entscheidendsten in das Getriebe der Schlacht eingriffen. Kaiser Napoleon 1. hatte bekanntlich die vor ihm aufgerollten Karten mit bunten Nadeln besteckt, um dadurch die Stellungen der eignen Heere, sowie die seiner Feinde, sich möglichst zu versinnlichen. Der Verfasser fühlte, wenn er das Schlachtfeld besuchte, das dringende Bedürfniss, die Einsicht in dasselbe sich dadurch zu erleichtern, dass er die Stellungen der Heerhaufen durch Steine bezeichnete, welche den Namen des Führers, der hier befehligte, die Anzahl seiner Truppen, den Namen der Schlacht, in welcher sie auftraten, die genaue Angabe der Himmelsgegenden und der Front enthielten. So entstanden die von ihm auf mehreren Punkten des Schlachtfeldes gesetzten Marksteine. Der Raum auf den Marksteinen gestattet freilich nur wenige kurze Notizen. Die Absicht dieses Werkchens ist, noch hinzuzufügen, was in Kürze sich geben lässt, um Jedem, der am Marksteine selbst steht, möglichst die Kenntniss der von hier aus vollbrachten Thaten des darauf benannten Führers und seiner Schaaren zu bieten. Die Geschichte der Schlacht bei Leipzig in den Octobertagen 1813 ist bereits in vielen Werken so ausführlich oder in gedrängter Kürze bearbeitet, dass der Verfasser die Erzählung hier absichtlich vermeidet und den Gang der Ereignisse nur so weit wiedergiebt, als dies zum Verständniss der Markirung nothwendig erscheint. Dagegen glaubt der Verfasser nur dem Wunsche des am Marksteine Verweilenden zu entsprechen, wenn er eine kurze biographische Skizze der hier verzeichneten Helden, soweit die Nachrichten zu erlangen waren, bietet und auch die Fragen beantwortet, die gewöhnlich von den Besuchern an dieser Stelle an ihn gerichtet wurden.

Ist es dem Verfasser vorzüglich um geschichtliche Wahrheit zu thun, so fordert er Jeden hierdurch auf, sich ihm durch Nachweis von Irrthümern zu verpflichten. Wer für einen seiner Marksteine einen geeigneteren Platz kennt, wird sich ein Verdienst um die Markirung erwerben, wenn er den Beweis dafür zur Kenntniss des Verfassers bringt. Ebensowohl wird man demselben auch verzeihen, wenn er Forderungen, deren Erfüllung unmöglich, nicht berücksichtigt. Es hat sich herausgestellt, dass die Aufstellung der Marksteine an möglichst besuchten Wegen die wünschenswertheste ist, da den Eigenthümern der Felder nicht zugemuthet werden kann, grosse Opfer zu bringen; ebenso mag man die Besucher des Schlachtfeldes berücksichtigen, die einen nahe am Wege stehenden Markstein gern und mit Aufmerksamkeit betrachten, während unbequeme Feldwege und ermüdendes Hin- und Herstreifen als zu beschwerlich in der Regel gescheut werden. Voll des freudigsten Dankes erkennt der Verfasser die Bereitwilligkeit an, mit welcher die Grundeigenthümer den für jeden Markstein erforderlichen Raum uneigennützig, ohne die geringste Entschädigung zu beanspruchen, überliessen und theilweise mit freundlichen Anlagen schmückten. Noch zu erwähnen ist, dass sämmtliche **französische** Stellungen bezeichnende Marksteine einen **runden Kopf** tragen, während die den **Verbündeten** angehörigen in eine **Spitze** auslaufen, damit der Wanderer schon von ferne erkenne, welche Partei durch denselben vertreten ist *). Die Marksteine selbst sind nach den Schlachtfeldern eingetheilt in Nachstehendem zu finden.

---

*) Ausserdem führen die Marksteine der Franzosen den Buchstaben N. (Napoleon) und eine **ungerade** Zahl, während die der Verbündeten ein V. (Verbündete) und eine **gerade** Zahl tragen.

Der 16. October.

A.
Schlachtfeld von Wachau.

Sämmtliche Marksteine tragen auf der dem Schlachtfeld zugekehrten breiten Seite die Inschrift:

Schlacht bei Wachau
am 16. October 1813.

Die die französische Stellung bezeichnenden Steine haben die Front nach Süden, die der Verbündeten nach Norden.

Französische Linie:

VICTOR,
Herzog von Belluno.
II. Corps. 20,000 Mann.*)
(No. 1.)

Victor Claude Perrin, (in der Kriegsgeschichte nur unter dem Namen „Marschall Victor" gekannt,) Herzog

---

*) Wir bemerken hier ein für allemal, dass die Stärke der Truppen nach den genauesten Quellen nur in runden Zahlen angegeben ist.

von Belluno, Marschall von Frankreich, geboren zu
La Marche am 1. December 1764. Mit 17. Jahren
schon in die französische Armee eingetreten, zeichnete
sich Victor in allen Kriegen Frankreichs ehrenvoll
aus, war im Jahre 1792 bereits Bataillons-Commandant
und avancirte am 15. September desselben Jahres zum
Brigade-Chef und Oberst, 1793 zum Brigade-General
und 1797 zum Divisions-General. Im Jahre 1800 am
14. Juni kämpfte er ruhmvoll in der Schlacht von
Marengo, war darauf bei der batavischen Armee, mit
welcher er Holland gegen England schützte; 1805,
zum Grosskreuz der Ehrenlegion erhoben, ward Victor
ausserordentlicher Gesandter und bevollmächtigter Minister
in Dänemark. Der Schlacht bei Jena am 14. October
1806 wohnte er wieder als Chef des Generalstabes
bei und entschied am 14. Juni 1807 die Schlacht
bei Friedland, wofür ihn Napoleon am 13. Juli zum
Marschall und im folgenden Jahre zum Herzog von
Belluno ernannte. 1808 bis 1811 befehligte Victor
das 1. Corps in Spanien, 1812 das 9. Corps in Russland,
1813 das 2. Corps in Deutschland und nahm im
letzteren Jahre ruhmvollen Antheil an der Schlacht
bei Dresden am 26. und 27. August.

In der Schlacht bei Wachau am 16. October 1813,
hielt Marschall Victor mit dem 2. französ. Corps das
Dorf dieses Namens gegen die Angriffe der Russen
und Preussen unter Anführung des Prinzen Eugen von
Württemberg und eroberte gegen 2 Uhr Nachmittags,
nach heftigem Kampfe gegen die 12. preuss. Brigade
des Prinzen August von Preussen und der Russen des
General Helfreich unter General Kleist's Oberbefehl
die Schäferei Auenhain. Er widerstand daselbst den
wiederholten Angriffen von Rajeffsky's Grenadieren,
musste aber gegen 5 Uhr Nachmittags den Oesterrei-

ehern unter Feldmarschalllieutenant Weissenwolf weichen und denselben Auenhain überlassen. Die Nacht über behielt Victor Stellung zwischen Auenhain und Wachau.

Der Markstein ward gesetzt auf einem, dem Gasthofe von Wachau gegenüber an der Strasse nach Borna gelegenen, dem Gutsbesitzer Herrn Franke zu Wachau gehörigen Feldgrundstücke.

OUDINOT,
Herzog von Reggio.
3. und 4. Division der jungen Garde. 12,000 Mann.
(No. 13.)

Oudinot, Charles Nicolas, Herzog von Reggio und Marschall von Frankreich, geboren am 25. April 1767 zu Barsur-Ornain. Er diente von 1784 bis 1787 als gemeiner Soldat, kehrte in sein väterliches Haus zurück und trat erst beim Ausbruche der Revolution wieder in die Armee. Er zeichnete sich bei mehrfachen Gelegenheiten rühmlich aus, ward 1791 Oberstlieutenant, 1793 Brigadechef, 1794 Brigadegeneral und 1799 Divisionsgeneral. Nach der Belagerung von Genua im Frühjahr 1800, während welcher er unter Masséna befehligte, war Oudinot Chef des Generalstabes unter Brune; am 14. Juni 1804 wurde er von Napoleon zum Grossoffizier, am 6. März 1805 zum Grosskreuz der Ehrenlegion ernannt. Oudinot kämpfte darauf in den Kriegen der Jahre 1805 bis 1808 mit Glück und Ruhm als Divisions- und Corps-Commandeur, war auch kurze Zeit 1806 Gouverneur des Fürstenthums Neufchatel, 1807 Gouverneur in Danzig und 1808 in Erfurt. Napoleon erhob ihn in letzterem Jahre zum Grafen und

1809 nach der Schlacht bei Wagram am 5. und 6. Juli, an welcher er an der Spitze des 2. Corps Theil genommen, zum Reichsmarschall und Herzog von Reggio. 1812 befehligte er wiederum das 2. Corps, 1813 das 12. Corps, welches letztere aber nach den für Napoleon unglücklichen Schlachten von Grossbeeren und Dennewitz am 23. August und 6. September aufgelöst wurde.

In der Schlacht bei Wachau am 16. October standen die 3. und 4. Division der jungen Garde unter Oudinot's Befehlen. Er hatte dieselben am Morgen des 16. October bei Liebertwolkwitz hinter dem 5. französischen Corps (Lauriston) aufgestellt; nachdem aber Prinz Eugen von Württemberg bis Wachau vorgedrungen, führte er auf Kaiser Napoleon's Befehl beide Divisionen zur Unterstützung Victor's nach Wachau. Als Victor Wachau wieder gewonnen und die Schäferei Auenhain gegen 2 Uhr Nachmittags erobert hatte, wandte sich Oudinot mit der jungen Garde südwestlich gegen Cröbern und kämpfte hier gegen die Truppen des General Kleist, später Bianchi. Nach beendeter Schlacht hatte Oudinot in und bei Wachau Stellung.

Der Markstein ward gesetzt an dem von Wachau nach Dösen führenden Wege auf einer der Gemeinde Dösen gehörigen Feldflur.

AUGEREAU,
Herzog von Castiglione.
IX. Corps. 10,000 Mann.
(No. 3.)

Augereau, Pierre François Charles. Herzog von Castiglione, Marschall von Frankreich, war der

Sohn einer Obsthändlerin und eines Maurergesellen zu Paris, woselbst er am 11. November 1757 geboren wurde. In das Heer trat Augereau ein 1774, ward Unteroffizier und ging als Instructor nach Neapel. 1792 nach Paris zurückgekehrt, trat er in einem Freiwilligenbataillon ein und seine verwegene Tapferkeit bewirkte, dass er alle subalternen Grade schnell durchlief. Am 26. Juni 1793 war er Capitain, am 25. December desselben Jahres aber bereits Divisionsgeneral. In den Feldzügen von 1795 und 1796 erwarb Augereau sich grossen Ruhm in den Schlachten von Millesimo, Cossaria, Dego, Lodi, Lonato und Castiglione, sowie Roveredo, Bassano, an der Brenta und Arcole. Für diese glänzenden Waffenthaten erhielt er 1797 von Napoleon die Fahne, welche er bei Arcole getragen, zum Ehrengeschenk und ward später, 1805, Herzog von Castiglione. Am 19. Mai 1804 zum Marschall und am 1. Februar 1805 zum Grossoffizier der Ehrenlegion erhoben, zeichnete sich Augereau im Jahre 1806 am 14. October in der Schlacht bei Jena und am 8. Februar 1807 bei Eylau aus. 1809 und 1810 focht er in Spanien. 1813 organisirte er in Würzburg das Reserve-Corps, später 9. Corps benannt. Mit demselben traf er am 12. und 13. October bei Leipzig ein und stellte sich bei den Thonbergstrassenhäusern auf. Die bei seinem Corps befindlichen Dragoner von 5000 Mann unter Milhaud zeichneten sich am 14. October beim grossen Reitergefechte bei Liebertwolkwitz aus, litten aber dabei beträchtlich. Napoleon dirigirte den Marschall Augereau am 15. nach Zuckelhausen, sandte ihn aber am 16. früh 9 Uhr zur Verstärkung Poniatowski's nach Dösen. Er nahm sogleich Antheil am Kampfe gegen den General Kleist, welcher von Cröbern und Crostewitz auf Markleeberg stürmte. Nachdem Kleist von Feldmarschalllieutenant Bianchi abgelöst worden, setzte Augereau in Verbindung mit Poniatowski den Kampf gegen Bianchi fort und behauptete sich am 16. Abends in der nördlichen Hälfte von Markleeberg.

Der Markstein ward gesetzt am südwestlichen Ende des Dorfes Dösen auf einem dem Rittergutsbesitzer Herrn Ritter Dr. Brox zu Dösen gehörigen Feldgrundstücke.

FÜRST PONIATOWSKI,
VIII. Corps. 8000 Mann.
(No. 11.)

Joseph Anton Fürst von Poniatowski, Neffe des letzten Königs von Polen, Marschall von Frankreich, geboren zu Warschau am 7. März 1762. Sechzehn Jahre alt als Lieutenant in österreichische Militairdienste getreten, war Poniatowski schon 1787 Oberst und Flügeladjutant des Kaisers Joseph II., kehrte aber 1789 in sein Vaterland zurück, wo ihm König Stanislaus im Kriege gegen Russland 1792 ein Commando in der Armee übergab. 1794 focht er unter Koscziusko. Nach dem Verlust von Warschau am 4. November 1794 lebte Poniatowski in Wien, 1798 wieder in Warschau. Die Begebenheiten des Jahres 1806 riefen ihn auf's Neue zur kriegerischen Thätigkeit. Er schloss sich dem Kaiser Napoleon an, als dieser ihm die Wiederherstellung Polens versprochen, und ward unter der neuen Regierung Kriegsminister. 1809 kämpfte er an der Spitze des Warschauer Heeres und eroberte Galizien; 1812 befehligte er das 5. französische Corps in den Schlachten von Smolensk und Borodino am 17. August und 7. September. Nach dem Waffenstillstande.

1813 befehligte Poniatowski die polnische Armee als 8. französisches Corps mit dem Range eines Divisionsgenerals. Er traf mit demselben am 12. October auf der Südseite von Leipzig ein und empfing am 15. October im Schlosse zu Dölitz den persönlichen Besuch des Kaisers Napoleon, welcher mit ihm die Aufstellung seines Corps die Pleisse entlang recognoscirte. Poniatowski's Aufstellung am 16. October zog sich von Dösen und Markleeberg nach Süden gegen Kleist und später Bianchi, während er, die Pleisse bis Connewitz mit einer langen Tirailleurlinie besetzt haltend, den von Gautsch herandrängenden österreichischen General Meerveldt verhinderte, aus dem Walde hervorzubrechen und die Pleisse zu überschreiten. Napoleon sandte ihm am 16. früh zwischen 9 und 10 Uhr den Marschall Augereau mit dem 9. Corps, 10,000 Mann stark, zum Beistand. Ferner waren noch unter seinem Befehl die Gardecavallerie von Letort und die 2. Division der alten Garde unter Curial. Poniatowski behauptete sein innehabendes Terrain und ward von Napoleon noch am selbigen Abend zum Marschall von Frankreich ernannt. Einer kleinen Abtheilung Polen war bei Einbruch der Dunkelheit die Gefangennahme des österreichischen Generals von Meerveldt, welcher bei Dölitz auf das rechte Pleisseufer gegangen war, gelungen.

Der Markstein ward errichtet auf dem Kellerberge östlich von Markleeberg ‚auf dem Grundstücke des Gasthofbesitzers Herrn Hötzel zu Markleeberg.

GRAF LAURISTON,
V. Corps. 15,000 Mann.
(No. 5.)

Jacques Alexandre Bernard Law, Marquis de Lauriston, französischer General, geboren am 1. Februar

1768 zu Pondichery in Ostindien, woselbst sein Vater französischer Gouverneur war. Im Jahre 1784 als Offizier bei der Artillerie eingetreten, zeichnete er sich in den Feldzügen der folgenden Jahre, namentlich bei der Vertheidigung der Festung Valenciennes aus, so dass er schon am 7. April 1795 zum Brigadechef befördert ward. Er trat hierauf vier Jahre (1796 bis 1800) vom activen Dienst zurück, avancirte am 13. September 1802 zum Brigadegeneral und am 1. Februar 1805 zum Divisionsgeneral. Als solcher bekämpfte er mit Glück und Ruhm die Russen und Montenegriner in Dalmatien und wurde am 19. December 1807 Gouverneur von Venedig. 1809 am 6. Juli befehligte Lauriston in der Schlacht bei Wagram die Artillerie des Vicekönigs von Italien, 1811 war er französischer Botschafter in Russland und 1813 kämpfte er an der Spitze des 5. Corps in den Schlachten von Lützen und Bautzen am 2., 20. und 21. Mai.

Bei Leipzig hatte Lauriston mit dem 5. Corps am 14. October auf dem Höhenzuge zwischen Wachau und Liebertwolkwitz Position genommen und letzteren Ort durch General Maison stark besetzt. Bei dem grossen Recognoscirungsgefechte an diesem Tage behauptete er nach wechselndem Glück das in Brand geschossene Liebertwolkwitz gegen die Angriffe der Oesterreicher unter General Klenau. Am 16. October in der Schlacht bei Wachau vertheidigte Lauriston früh mit seinem Corps Liebertwolkwitz gegen die Russen unter dem Fürsten Gortschakoff und Grafen Pahlen III. 11 Uhr Vormittags nahm er westlich von Liebertwolkwitz Aufstellung und formirte zwei Colonnen, wovon die eine den Fürsten Gortschakoff angriff und ihn bis an das Universitätsholz zurückdrängte, die andere aber der Cavallerie des Königs Murat gegen Güldengossa folgte und dort bis zum Abend kämpfte. Während der Nacht behielt Lauriston Stellung zwischen Wachau und Liebertwolkwitz.

Der Markstein befindet sich mehrere hundert Schritt westlich von Liebertwolkwitz auf der Höhe des sogen. Galgenberges auf einem dem Gutsbesitzer Herrn Meier in Liebertwolkwitz gehörigen Feldgrundstücke. 300 Schritt davon westlich erblickt man das vom 19. October-Verein gesetzte Denkmal und nördlich auf der etwas tiefer gelegenen Flur die Stelle, auf welcher der Kaiser Napoleon während der Schlacht von Wachau sein Standquartier hatte.

MORTIER,
Herzog von Treviso.
2 Divisionen der jungen Garde. 12,000 Mann.
(No. 9.)

Mortier, Adolphe Edouard Casimir Josephe, Herzog von Treviso und Marschall von Frankreich, Sohn eines Kaufmanns, geboren zu Cambray am 13. Februar 1768. In die Armee 1791 eingetreten, erwarb sich Mortier durch seine Verdienste ein schnelles Avancement. Er ward in demselben Jahre noch Capitain, 1793 General-Adjutant, 1795 Brigadechef, am 23. Februar 1799 Brigadegeneral und am 26. September 1799 auf dem Schlachtfelde von Zürich Divisionsgeneral. Am 19. Mai 1804 erhob ihn Napoleon zum Marschall, am 14. Juni 1804 zum Grossoffizier und am 2. Februar 1805 zum Grosskreuz der Ehrenlegion. Mortier kämpfte hierauf an der Spitze eines Corps in den Kriegen der Jahre 1805, 1806 und 1807, ward 1808 Herzog von Treviso und befehligte 1808 bis 1810 das 5. Corps in

Spanien, im russischen Feldzuge die junge Garde. Am
23. October 1812 sprengte er zu Moskau den Kreml.
1813 focht Mortier in den Schlachten bei Lützen am
2. Mai, bei Bautzen am 20. und 21. Mai und bei Dresden am 26. und 27. August.

In der Schlacht bei Wachau am 16. October drang
Mortier mit der 1. und 2. Division der jungen Garde
zwischen Liebertwolkwitz und dem vom Marschall
Macdonald erstürmten Colmberg vor und kämpfte gegen Klenau's Schaaren in dem jetzt gerodeten Niederholz.

Der Markstein steht 200 Schritt östlich von Liebertwolkwitz auf einem dem Gemeindevorstand Herrn
Munde zu Liebertwolkwitz gehörigen Feldgrundstücke.

MACDONALD,
Herzog von Tarent.
XI. Corps. 15,000 Mann.
(No. 7.)

Macdonald, Jacques Etienne Josephe Alexandre, Herzog von Tarent, Marschall von Frankreich, geboren
zu Sancerre am 17. November 1765. Er trat in das
Heer ein im Jahre 1784, ward 1791 Lieutenant, 1792
Capitain und nach der Schlacht bei Valmy, in welcher
er sich sehr ausgezeichnet, am 12. November 1792
Oberstlieutenant, kurze Zeit darauf Oberst und am 26.
August 1793 Brigade-, am 28. November 1794 Divisionsgeneral. Macdonald befehligte hierauf 1797 die
in Holland, 1798 die in Rom befindlichen französischen Truppen und unterwarf 1799 als Oberbefehlshaber der Armee von Neapel Calabrien. Am 18. und
19. Juni 1799 lieferte er die zweitägige Schlacht an

der Trebbia, 1801 ward er von Napoleon zum Grossoffizier der Ehrenlegion erhoben. Hierauf mehrere Jahre ohne Anstellung, focht Macdonald im Jahre 1809 wieder mit grosser Auszeichnung in den Schlachten an der Piave und bei Wagram, wofür ihn Kaiser Napoleon zum Marschall von Frankreich, Grosskreuz der Ehrenlegion und zum Herzog von Tarent ernannte. Im russischen Feldzuge 1812 befehligte er das 10. Corps, 1813 das 11. Corps und verlor am 26. August dieses Jahres die Schlacht an der Katzbach in Schlesien gegen Blücher.

In die Schlacht von Wachau am 16. October griff Macdonald thätig ein, indem er, von Holzhausen kommend, die Truppen Klenau's verdrängte und den Colmberg stürmend nahm, ihn mit Geschütz besetzte und diese wichtige Anhöhe behauptete. Sein Versuch, Klenau — als rechten Flügel der Verbündeten — zu umgehen, gelang trotz der grössten Anstrengungen in und um Seifertshain nicht, weil die ihm bestimmten Verstärkungen von Marmont und Ney wegen der Ankunft des schlesischen Heeres ausblieben.

Der Markstein ward gesetzt auf dem der Gemeinde Holzhausen gehörigen Colmberge.

200 Schritt in östlicher Richtung vom Marksteine befindet sich das vom 19. October-Verein errichtete Denkmal.

Linie der Verbündeten:

PRINZ EUGEN VON WÜRTTEMBERG.
10,000 Mann.
(No. 2.)

Prinz Eugen von Württemberg, nach seines Vaters, des Herzogs Friedrich Eugen von Württemberg — Bruder des ersten Königs von Württemberg — Tode Herzog von Württemberg, russischer General der Infanterie, geboren zu Oels in Schlesien am 8. Januar 1788. Von seinem Oheim, dem Kaiser Paul I. von Russland, ward Prinz Eugen schon in dem Alter von 8 Jahren, 1796, zum Oberst und zwei Jahre später, 1798, zum Generalmajor und Chef eines Regiments ernannt. In den russischen Dienst trat er im November 1806 und wohnte sogleich mit seinem, dem taurischen Grenadier-Regiment, unter General Bennigsen dem Feldzuge bis zum Waffenstillstande 1807 bei. Hierauf verlieh ihm Kaiser Alexander ein Brigade-Commando in Riga und im Sommer 1808 ein Separat-Commando an den baltischen Küsten. 1810 wohnte Prinz Eugen dem Feldzuge gegen die Türken bei und im Kriege 1812 befehligte er die 4. Division bei der ersten Westarmee, mit welcher er an sechs grossen Schlachten und Treffen: bei Smolensk am 17. August, Gedeonowo am 19. August, Borodino am 7. September, Tarutino am 18. October, Wjäsma am 3. November und Merlino am 16. November, entscheidenden und ruhmvollen Antheil nahm. Er stieg schon zu Anfang des Feldzugs zum Generallieutenant und nach dem letzten Treffen ward er zum Commandeur des 2. russischen Armeecorps ernannt. An der Spitze dieses Corps kämpfte Prinz Eugen im Jahre 1813 in den Schlachten bei Lützen und Bautzen am 2. und 20/21. Mai und in mehreren Treffen und Gefechten. In der Schlacht bei Dresden am 26. und 27. August vertheidigte er auf's Tapferste die Elbübergänge beim Königstein, und am 30. August erfocht er den glorreichen Sieg bei Culm.

In der Schlacht bei Wachau am 16. October 1813, bis zu welcher der junge 25jährige Prinz bereits in 100 Schlachten und Gefechten gekämpft hatte, führte derselbe unter Wittgenstein's Oberbefehl die 3. Colonne, 10,000 Mann stark, bestehend aus dem 2. russischen Corps und der preussischen Brigade Klüx, und nahm nördlich von Güldengossa, Wachau gegenüber, Stellung. Durch ein mörderisches Feuer aus seinen 48 Geschützen eröffnete Eugen gegen 8 Uhr Morgens die Schlacht. Oberst Reibnitz drang hierauf in Wachau ein, vertrieb die Franzosen daraus und besetzte das Dorf. Doch jetzt begannen die auf dem Höhenzuge von Wachau bis Liebertwolkwitz in Schnelligkeit aufgefahrenen Drouot'schen Batterien, über 100 Geschütze, ihr verheerendes Feuer gegen Eugen's unerschrockene Truppen. Dieselben mussten Wachau wieder verlassen, vertheidigten aber glücklich mit grösster Standhaftigkeit ihre erste Position. In dieser Stellung hielten Prinz

Eugen und seine Schaaren festen Stand gegen Murat's gewaltigen Angriff mit 8 bis 10,000 Reitern und vereitelten dadurch Napoleons Plan, die Mitte der Verbündeten zu durchbrechen und den Sieg für sich herbeizuführen. Bei einbrechender Nacht lagerten Eugen's Truppen nur noch in der kleinen Zahl von 2000 Mann auf denselben Fluren, welche am Morgen 10,000 Krieger kampfesmuthig betraten.

Der Markstein hat seinen Stand an dem von Güldengossa nach Liebertwolkwitz führenden Wege auf einem dem Rittergutsbesitzer Herrn Weinschenk zu Wachau gehörigen Feldgrundstücke.

GENERAL VON KLEIST.
10,000 Mann.
(No. 4.)

Friedrich Heinrich Ferdinand Emil Graf Kleist von Nollendorf, preussischer Generallieutenant, geboren zu Berlin am 9. April 1763. Fünfzehn Jahre alt, 1778, als Offizier in die Armee eingetreten, zeichnete Kleist sich in den Kriegen Preussens rühmlich aus, ward im Jahre 1794 Adjutant des Feldmarschall von Möllendorf, 1799 Major, 1804 vortragender Generaladjutant des Königs, 1806 Oberst und 1808 Generalmajor. Im Jahre 1812 war Kleist bei den preussischen Truppen, welche im 10. Corps des französischen Heeres gegen Russland zogen, und er avancirte zu Ende dieses Feldzuges zum Generallieutenant. Im Frühjahre 1813 kämpfte er bei Halle und Wittenberg und bei Bautzen am 20. und 21. Mai. Nach abgelaufenem Waffenstillstande, den er als preussischer Bevollmächtigter selbst abgeschlossen, commandirte er das 2. preussische

Armeecorps in den Schlachten bei Dresden am 26. und 27. August und bei Culm am 30. August. Für den entscheidenden Antheil, den Kleist an letzterer Schlacht nahm, verlieh ihm der König von Preussen den schwarzen Adlerorden und ernannte ihn zum Grafen mit dem Beinamen von Nollendorf.

In der Schlacht bei Wachau am 16. October 1813 befehligte Kleist das 2. preussische Corps unter Wittgenstein, dem das Commando über das Vordertreffen der böhmischen Armee anvertraut war. Durch Detachirungen nach mehreren Seiten geschwächt, sah Kleist sich als äusserster linker Flügel den grössten Gefahren ausgesetzt, besonders da Napoleon dem Fürsten Poniatowski auf dem rechten Flügel seiner Armee das 9. Corps unter Augereau und später die Gardecavallerie von Letort und die 2. Division der alten Garde unter Curial zu Hülfe sandte. Kleist griff früh $8^1/_2$ Uhr von seinem Standpunkte bei Cröbern, durch Crostewitz marschirend, die Franzosen in Markleeberg an. Oberstlieutenant von Löbel erstürmte das Dorf, während General Helfreich mit der 14. russischen Division den rechts von Markleeberg nach Wachau hinüber gelegenen Wiesengrund angriff. Beide wurden jedoch bald wieder von den Franzosen zurückgedrängt. So blieben Markleeberg und die nächsten Umgebungen fast den ganzen Tag lang ein Zankapfel der Kämpfenden. Die Uebermacht der Franzosen hatte schon Kleist's tapfere Schaaren zum Theil hinter die Linie zurückgedrängt, da erschien der österreichische Reitergeneral Nostitz vom linken Pleisseufer, ging sogleich, 2 Uhr Nachmittags, zum Angriff und jagte im bunten Gemisch mit den zurückweichenden französischen Reitern an vielen feindlichen Truppen vorüber bis in die Nähe von Probstheida. Hier, nach kurzem Stillstand die Gefahr bei der grossen Entfernung von der verbündeten Armee bemerkend, schlug sich Nostitz glücklich wieder mit seinen kühnen Reitern durch die französische Linie und kehrte in das Bereich der verbündeten Armee zurück. Hier war indess Feldmarschalllieutenant Bianchi mit der österreichischen Reserve angelangt und hatte Kleist's gelichtete Truppen abgelöst. General Kleist liess dieselben hinter Cröbern Bivouaks beziehen.

Der Markstein ist aufgestellt nördlich von Cröbern auf einem dem Gutsbesitzer Herrn Peters daselbst gehörigen Feldgrundstücke.

GENERAL BIANCHI.
Oesterreichische Reserve, 15,000 Mann.
(No. 12.)

Friedrich Freiherr von Bianchi, österreichischer Feldmarschalllieutenant, geboren zu Wien am 1. Februar 1768. Am 12. März 1788 als Unterlieutenant in das Ingenieurcorps der österreichischen Armee eingetreten, kämpfte Bianchi in den Kriegen Oesterreichs während der folgenden Jahre mit grosser Auszeichnung, ward am 17. October 1788 Oberlieutenant, 1797 Capitain, 1799 Major im Generalstabe und darauf militairischer Begleiter des Erzherzogs Ferdinand von Oesterreich-Este. In dieser Stellung erwarb er sich grosse Verdienste in den Feldzügen der Jahre 1799 und 1800, wofür er im letzteren Jahre zum Oberstlieutenant und Oberst befördert wurde. Als Commandant der Festung Cattaro besiegte Bianchi 1804 die Montenegriner, im Feldzuge in Süddeutschland 1805 war er Generaladjutant des Erzherzogs Ferdinand, welchen er durch seine Entschlossenheit aus Ulm rettete.

Zum Generalmajor 1807 ernannt, erwarb sich Bianchi vorzüglichen Ruhm in der Schlacht bei Aspern am 21. und 22. Mai 1809 und bei Vertheidigung des Brückenkopfes bei Pressburg, wofür er am 21. August 1809 Feldmarschalllieutenant wurde. Im Kriege gegen Russland 1812 befehligte er eine Division im sogen. Auxiliarcorps, 1813 focht er bei Dresden am 26. und 27. August und bei Culm am 30. August.

In der Schlacht bei Wachau am 16. October 1813 erschien Bianchi mit der österreichischen Reserve um 4 Uhr Nachmittags bei Cröbern auf dem Kampfplatze, um die Truppen des General Kleist abzulösen. Nachdem er unter dem heftigsten feindlichen Geschützfeuer das Dorf durchschritten, liess er sofort die ihm von Markleeberg und Auenhain entgegenstehenden französischen Massen der Marschälle Poniatowski, Augereau und Oudinot in zwei Colonnen angreifen. Er warf dieselben und behauptete sich in der südlichen Hälfte von Markleeberg, so dass von ihm bei Beendigung des Kampfes, Abends 10 Uhr, das Terrain wieder gewonnen war, welches am Morgen Kleist inne gehabt, aber im Laufe des Tages durch die Uebermacht des Feindes verloren hatte.

Der Markstein ward gesetzt südlich von Cröbern am Gross-Deubener Wege auf einem dem Mühlenbesitzer Herrn Rösch zu Gross-Deuben gehörigen Feldgrundstücke.

GRAF PAHLEN III.
3000 Reiter.
(No. 10.)

Graf Peter v. d. Pahlen, russischer General, geboren im Jahre 1777, trat frühzeitig als Offizier in die russische Armee und kämpfte darauf fast in allen Kriegen Russlands mit Auszeichnung, welcher er seine schnelle Beförderung verdankte. Schon in der Schlacht bei Eylau am 8. Februar 1807 focht er als Generalmajor und im Jahre 1813 befehligte er eine Cavallerie-Division.

In den Octobertagen bei Leipzig kämpfte Graf Pahlen am 14. October, unterstützt von der preussischen Reservereiterei des General von Röder vom Kleist'schen Corps, bei dem grossen Recognoscirungsgefecht gegen die Reitermassen des Königs Murat westlich von Liebertwolkwitz und warf denselben bis in die Gegend von Probstheida zurück. Als das Gefecht auf des Fürsten Schwarzenberg Befehl nach 5 Uhr Abends abgebrochen wurde, bezogen Pahlen's Truppen bei Güldengossa Bivouaks.

Am 16. October in der Schlacht bei Wachau befehligte Pahlen die sümmtliche Reiterei des Grafen Wittgenstein und stellte sich früh mit 3000 Reitern zwischen Güldengossa und dem Universitätswalde in der rechten Flanke des Prinzen Eugen von Württemberg auf. Von hier unterstützte er das Vorgehen Gortschakoff's und Klenau's gegen Liebertwolkwitz und warf bei Wachau einzelne Angriffe der französischen Reiterei zurück. Des Nachmittags kämpfte Pahlen gegen den grossen Reiterangriff des Königs Murat bei Güldengossa; am Abend bezog er Stellung auf dem Terrain zwischen Störmthal und dem grünen Teich.

Der Markstein hat seinen Stand an dem vom Universitätsholze nach Güldengossa führenden Wege auf einem Grundstücke des Rittergutsbesitzers Herrn Kramer zu Güldengossa.

FÜRST GORTSCHAKOFF.
9000 Mann.
(No. 6.)

Fürst Andreas Gortschakoff, russischer General der Infanterie, diente schon 1799 unter Suwarow als Generalmajor in Italien, befehligte 1812 eine Grenadier-Division in der Schlacht bei Borodino am 7. September und 1813 das erste russische Infanteriecorps.

In der Schlacht bei Wachau am 16. October 1813 bildete Gortschakoff mit dem ersten russischen Corps die 2. Colonne unter Wittgenstein und hatte die Bestimmung, mit Klenau zugleich Liebertwolkwitz anzugreifen. Er brach um 9 Uhr aus seiner Stellung zwischen dem Universitätswalde und Störmthal auf, kämpfte während des Tages gegen die Truppen des 5. französischen Corps unter Lauriston vor Liebertwolkwitz und unterstützte auch die in Güldengossa kämpfenden verbündeten Truppen. Am Abend hielt die 5. Division seines Corps den Universitätswald besetzt, der Rest bivouakirte in und um Störmthal.

Der Markstein steht an der westlichen Spitze des Universitätsholzes, dem Rittergutsbesitzer Herrn Kammerherrn etc. von Watzdorf zu Störmthal gehörig.

GENERAL KLENAU.
IV. österreichisches Corps, 24,000 Mann.
(No. 8.)

Johann Graf von Klenau, österreichischer General der Cavallerie, geboren in Ungarn im Jahre 1760. Frühzeitig in Militairdienste getreten, focht er mit

Auszeichnung in den Feldzügen Oesterreichs während der folgenden Jahre, war 1793 Oberstlieutenant, 1799 Oberst und kurze Zeit darauf Generalmajor. Zum Feldmarschalllieutenant befördert, kämpfte er 1809 in den Schlachten bei Aspern und Wagram am 21. und 22. Mai und am 5. und 6. Juli 1809 an der Spitze des 5. österreichischen Corps. 1812 ward Klenau kaiserlicher wirklicher Geheimrath, 1813 erhielt er das Commando des 4. Corps im böhmischen Heere, mit welchem er an der Schlacht bei Dresden am 26. und 27. August Theil nahm.

Als General der Cavallerie befehligte Klenau in den Octobertagen bei Leipzig wieder das 4. Corps. Bei dem grossen Recognoscirungsgefechte am 14. October kämpfte er unter Wittgenstein's Oberbefehl von Vormittag 11½ bis Abends 6 Uhr um den Besitz von Liebertwolkwitz, welchen Ort General Maison vom 5. französischen Corps auf's Hartnäckigste und glücklich vertheidigte. In das während dieser Zeit westlich von Liebertwolkwitz stattfindende grosse Reitergefecht griff Klenau ebenfalls ein, indem er Cavallerie in die linke Flanke der Franzosen sandte und selbst einen Angriff ausführte.

Am 16. October in der Schlacht bei Wachau war Klenau, den äussersten rechten Flügel der verbündeten Armee bildend, wieder zum Angriff auf Liebertwolkwitz bestimmt. Er begann denselben Vormittags 10 Uhr, musste ihn aber bald aufgeben, da Marschall Macdonald, von Holzhausen kommend, den Colmberg eroberte und grosse Massen über Hirschfeld nach Wolfshain und Seifertshain sandte, welche seine - rechte Flanke zu umfassen drohten. Klenau kämpfte nun während des Tages mit heldenmüthiger Ausdauer gegen Mortier's Schaaren im Niederholz und gegen Macdonald am Colmberg und bei Seifertshain. Bei Beendigung der Schlacht bezog Klenau Stellung zwischen Grosspössna und Fuchshain, doch mussten die Truppen wegen der grossen Nähe der Franzosen die Nacht über unter dem Gewehr verbleiben.

Der Markstein ward gesetzt bei der Windmühle von Grosspössna auf einem dem Rittergutsbesitzer Herrn Dietze zu Pomssen gehörigen Feldgrundstücke.

Wo Natur und Kunst eine geschichtlich denkwürdige Stelle des Schlachtfeldes bereits genügend bezeichnet haben, dürfte die Hinzufügung eines Marksteines leicht den nicht unbegründeten Vorwurf verdienen, dass durch Zuvielbezeichnen der Einfachheit und Klarheit des Markirens geschadet werden könne. Die Pflicht des Führers scheint es vielmehr, Denkmale oder Gebäude, an deren Stelle, wenn sie nicht vorhanden wären, sicher ein Markstein seinen Platz gefunden hätte, also mit Erklärungen zu versehen, dass der Wanderer auch hier finde, was ihm über die geschichtliche Bedeutung des Ortes Auskunft gewährt. Das Denkmal auf dem Wachberge, südlich von Güldengossa nach Göhren zu, ist vom Verein zur Feier des 19. Octobers so geschichtlich treu und mit so ausgezeichneter Umschau auf eine der bedeutendsten Stellen des Wachauer Schlachtfeldes gesetzt worden, dass der Führer an dasselbe sogleich seine erklärenden Worte anknüpft, indem es noch eines besonderen Marksteines an diesem Orte durchaus nicht bedarf.

Der Monarchenhügel bei Güldengossa.

Da die Himmelsgegenden auf diesem Denkmale nicht angegeben sind, so machen wir den Besucher darauf aufmerksam, dass er nördlich Wachau erblickt und mit Anwendung der Karte sich sogleich zurechtfinden wird.

Schon am 12. October hatte König Murat Feldschanzen hier anlegen lassen in der Absicht, von dieser Höhe aus dem Feinde mit einer dort aufzustellenden Batterie den möglichsten Schaden zuzufügen. Da aber der Kaiser Napoleon erst am 14. in Leipzig eintraf und das böhmische Heer schon früher auf Murat drückte, so sah derselbe sich genöthigt, die angefangenen Schanzen zu verlassen und seine Stellung wieder bei Wachau zu nehmen.

Am 16. October wurde diese Stelle von den drei Monarchen gewählt, um von hier aus den Gang der Schlacht zu beobachten. Bald nach 9 Uhr langten der Kaiser Alexander von Russland aus Pegau, der Kaiser Franz von Oesterreich aus Altenburg über Borna, der König Friedrich Wilhelm von Preussen aus Gruhna hier an. Hinter der Schanze standen als Leibwache des Kaisers von Russland Gardekosacken unter Orlow Denisow. Hier erkannte der Kaiser Alexander die drohende Uebermacht der französischen Linien von Markleeberg bis Liebertwolkwitz und befahl seinem Adjutanten, General von Wollzogen, den Fürsten Schwarzenberg auf dem linken Pleisseufer auf das Dringendste zu ersuchen, sogleich österreichische Hülfstruppen zur Verstärkung zu senden. Ebenso wurden Befehle ertheilt, russische und preussische Reserven heranzuziehen.

Hier traf Fürst Schwarzenberg Nachmittags gegen 2 Uhr bei den Monarchen ein. Er beobachtete mit ihnen das Heranstürmen des berühmten Cavallerieangriffs, in welchem König Murat mit 10,000 Reitern die Mitte der Alliirten zu durchbrechen suchte. Hier war es ferner, wo Schwarzenberg die Monarchen bat, etwas zurückzugehen, um der drohenden Gefahr, von den Franzosen gefangen zu werden, mit Sicherheit auszuweichen, worauf Kaiser Alexander Orlow Denisow's Kosacken dem schon ganz in der Nähe angelangten Feind entgegenschickte. Von hier aus endlich sprengte Fürst Schwarzenberg mit gezogenem Degen die Reihen der Verbündeten entlang und befahl den Gesammtangriff, durch welchen die Schlachtlinie des Morgens bis auf wenige Punkte wieder hergestellt wurde.

Das eben Gesagte lässt den Monarchenhügel als einen der wichtigsten Punkte des Wachauer Schlachtfeldes erscheinen und der Führer kann den Besuchern desselben nur rathen, den Aufenthalt hier nicht zu sehr abzukürzen.

Schäferei Auenhain.

Eine halbe Stunde südwestlich von Wachau gelegen steht noch heute die Schäferei Auenhain, berühmt durch die am 16. October 1813 um ihren Besitz tobenden Kämpfe. Als die in der vorderen Linie fechtenden Russen unter General Helfreich von den aus Wachau vordringenden Franzosen um Mittag zurückgedrängt wurden, warfen sie sich in die genannte, mit starken Mauern versehene Schäferei. Auf Kaiser Napoleon's Befehl stürmte Marschall Victor nach und eroberte gegen 2 Uhr Nachmittags nach den grössten Anstrengungen den auf das Tapferste vertheidigten Ort. General Barclai de Tolly sandte den russischen General Rajeffsky mit seinen erprobten Grenadieren, doch vergebens waren ihre Bemühungen. Victor's Truppen behaupteten die von ihm in Eile noch mehr befestigte

Stellung, Rajeffsky wurde verwundet und musste von der Eroberung abstehen. Als später die österreichischen Reserven auf Schwarzenberg's Befehl vom linken auf das rechte Pleisseufer den Verbündeten zu Hülfe eilten, unternahm sogleich das Regiment Simbschen unter Oberst Dressery den Angriff auf Auonhain, wurde aber von den hartnäckig sich vertheidigenden Franzosen zurückgeschlagen, und erst dem österreichischen General Weissenwolf gelang es gegen 5 Uhr Nachmittags, mit frischen Truppen in Auenhain einzudringen, nach blutigem Gefecht die Franzosen daraus zu vertreiben und sich daselbst zu behaupten.

Wanderung durch das Wachauer Schlachtfeld.

Wir bemerken im Voraus, dass der ausführliche Besuch des Wachauer Schlachtfeldes und der darauf befindlichen Marksteine für Fussgänger den Zeitraum eines ganzen Tages in Anspruch nimmt.

Mit Omnibus oder anderer Fahrgelegenheit nach Liebertwolkwitz. Daselbst den Weg durch das Munde'sche Gut nehmend gelangt der Besucher zu dem 200 Schritt östlich von Liebertwolkwitz stehenden Marksteine

1) *Mortier* (s. S. 13). Weiter in östlicher Richtung, eine halbe Stunde von Liebertwolkwitz auf dem Colmberge, befindet sich der Markstein

2) *Macdonald* (s. S. 14). Diesem südlich gegenüber, in einer halben Stunde Entfernung, erhebt sich an der Windmühle von Grosspössna der Stein

3) *Klenau* (s. S. 23). Von hier führt der Weg westlich durch Grosspössna nach dem Universitätswalde, an dessen westlicher Spitze der Besucher den Markstein

4) *Gortschakoff* findet (s. S. 23). Diesen Weg nach Güldengossa weiter verfolgend, gelangt er in 10 Minuten zum Stein

5) *Pahlen III.* (s. S. 21). Nachdem er sodann Güldengossa erreicht, geht er an den Gärten des Dorfes (dieses selbst links lassend) bis nach dem vor der Windmühle nach Liebertwolkwitz führenden Wege vor, an welchem, eine Viertelstunde von Güldengossa entfernt, der Markstein dem Helden

6) *Eugen von Württemberg* errichtet ward (s. S. 16). Von Güldengossa südwestlich gelangt der Wanderer auf dem Wege nach Göhren in kurzer Zeit an den

7) *Monarchenhügel* (s. S. 25). Ueber Göhren und Sestewitz in der Richtung westlich nach Gross-Deuben begegnet er dem Marksteine

8) *Bianchi* (s. S. 20) an dem südlich von Cröbern nach Gross-Deuben abführenden Wege. Von hier nach Norden findet er mehrere hundert Schritt nördlich von Cröbern links der Strasse nach Markleeberg den Stein

9) *Kleist* (s. S. 18) und östlich vom Dorfe Markleeberg auf dem sogen. Kellerberge den Stein

10) *Poniatowski* (s. S. 10). Von Markleeberg geht der Wanderer nach Dösen, an dessen südwestlichem Ende nahe der Linde der Markstein

11) *Augereau* (s. S. 8), südöstlich vom Dorfe Dösen am Wachauer Wege der

12) *Oudinot's* (s. S. 7) steht. Dem Gasthofe von Wachau gegenüber findet der Besucher den Stein

13) *Victor* (s. S. 5). Er verfolgt hierauf nach Süden die Bornaer Strasse, bis er in gleicher Höhe mit der Schäferei

14) *Auenhain* (s. S. 27) gelangt, wo ein Feldweg nach diesem Orte abführt. Den letzten Markstein

15) *Lauriston* (s. S. 11) erreicht er auf dem Wege von Wachau nach Liebertwolkwitz an der Höhe des sogen. Galgenberges.

Von Liebertwolkwitz mit Omnibus oder anderer Fahrgelegenheit nach Leipzig zurück.

Weniger rüstige Fussgänger mögen den Colmberg und die Schäferei Auenhain, welche in der Ferne gut zu sehen sind, sowie den Markstein Bianchi, unbesucht lassen.

Der 16. October.

B.
Schlachtfeld von Möckern.

Bei der Markirung dieser für die schlesische Armee so siegreichen, für die Tapferkeit der Verbündeten sowohl wie der Franzosen ewig ruhmvollen Schlacht schien es nothwendig, neben dem Marschall Marmont, der als Führer des 6. Corps französischerseits hier als Oberfeldherr handelte, auch dessen Unterfeldherren durch Marksteine zu bezeichnen, weil es nur so möglich ward, die Linie der Franzosen gegenüber der Front des schlesischen Heeres zur deutlichen Anschauung zu bringen. Bei der Markirung des schlesischen Heeres erhält der Oberfeldherr Blücher den Markstein in der Nähe des Langeron'schen Corps, weil er daselbst sich den Tag über meistens aufhielt. Blücher, dem die Führung des schlesischen Heeres anvertraut war, stand weit unabhängiger da, als Marmont, welcher stets von Napoleon Befehle empfing.

Folgt der das Schlachtfeld Besuchende dem Führer auf der unten bezeichneten Tour, so wird er annähernd die Stellung der Heere begangen haben, wie

dieselbe etwa 2 Uhr Nachmittags sich gestaltet hatte.
Mit Hülfe der Erklärung und des Führers oder jedes
Geschichtswerkes, das die Schlacht von Möckern aus-
führlich bespricht, wird er sich ein Bild von derselben
schaffen können, wie es eben die Anschauung eines
Terrains bietet, auf dem die furchtbaren Spuren des
Krieges vor den Segnungen eines 50jährigen Friedens
verschwanden.

Die Marksteine tragen auf der dem Schlachtfelde
zugekehrten breiten Seite die Inschrift:

SCHLACHT BEI MÖCKERN
AM 16. OCTOBER 1813.

Französische Linie:

MARMONT,

Herzog von Ragusa.
VI. Corps. 18,000 Mann.
(No. 25.)

Auguste Frédéric Louis Viesse de Marmont, Herzog
von Ragusa und Marschall von Frankreich, geboren
am 20. Juli 1774 zu Chatillon. Er trat als Souslieu-
tenant in die Armee ein am 6. Juli 1790, focht tapfer
in Deutschland und in Italien und ward 1793 Capitain,
1796 Bataillonschef, Adjutant Napoleon's und Brigadechef, 1798 in Aegypten, wo er sich unter den Augen
Napoleon's sehr auszeichnete, Brigadegeneral. 1799
nach Frankreich zurückgekehrt, ernannte ihn Napoleon
nach der Schlacht von Marengo am 14. Juni 1800 zum
Divisionsgeneral, im Jahre 1805 zum Grosskreuz der
Ehrenlegion und zum Generaloberst der Jäger. Im
Feldzuge dieses Jahres befehligte Marmont das 2.

Corps, 1806 die französischen Truppen in Dalmatien. Für die in diesem Lande geleisteten Dienste erhob ihn Kaiser Napoleon im Jahre 1808 zum Herzog von Ragusa, 1809 zum Reichsmarschall. 1811 erhielt er das Commando der Armee von Portugal, 1813 das des 6. Corps, mit welchem er in den Schlachten von Lützen am 2. Mai, Bautzen am 20. und 21. Mai und Dresden am 26. und 27. August focht.

Am 16. October 1813 lieferte Marschall Marmont die blutige Schlacht bei Möckern gegen die schlesische Armee unter Blücher. Marmont hatte schon seit einigen Tagen mit seinem Corps bei Lindenthal Position genommen und kleinere Vorpostengefechte gegen die Vorhut des schlesischen Heeres bestanden, als er in der Frühe des 16. Octobers vom Kaiser Napoleon, welcher sich von der Nähe des schlesischen Heeres nicht überzeugen konnte, den Befehl erhielt, mit seinem Corps näher nach Leipzig zu rücken, um ihn bei der beabsichtigten Schlacht auf der Südseite von Leipzig bei Wachau unterstützen zu können. Marmont war bereits mit seinem ganzen Corps im Marsch, als er die auf den Strassen von Halle und Landsberg heranrückende schlesische Armee entdeckte. Er bezog, da ihm die Unterstützung des 3. Corps zugesagt wurde, sofort eine Stellung zwischen Möckern und Eutritzsch und liess die zu Seiten der beiden Strassen liegenden Dörfer bis Stahmeln und Radefeld besetzt. Von Langeron 12½ Uhr Mittags hinter Radefeld, von York im Tannenwalde und in Lindenthal und von dessen Avantgarde in Stahmeln und Wahren angegriffen, zog Marmont seine vorstehenden Truppen in die genannte Hauptstellung zurück, wohin ihnen General York mit dem 1. preussischen Corps folgte. Hier entspann sich nun der furchtbare Kampf um Möckern, der von Mittag 2 Uhr, zu welcher Zeit der erste Sturm der Preussen erfolgte, bis zur einbrechenden Dunkelheit währte. Marmont, die Wichtigkeit des Ortes für seine Stellung wohl erkennend, kämpfte selbst an der Spitze eines alten Regiments und ward zweimal verwundet.

Das Nähere über den Kampf ist erzählt bei den Marksteinen der commandirenden Untergenerale.

In Gross- und Klein-Wiederitzsch kämpften die Generale Dombrowski, Souham und Delmas gegen das Langeron'sche Corps in einem besonderen, durch die Rietschke vom Möckernschen Schlachtfelde abgetrennten Gefechte.

Bei eingetretener Dunkelheit war Möckern an York, die beiden Dörfer Wiederitzsch an Langeron verloren worden; Marmont zog sich mit seinen Truppen in eine neue Stellung zwischen Eutritzsch und Gohlis zurück.

Der Markstein ward gesetzt östlich vor Möckern an der Leipzig-Halleschen Strasse auf einem Grundstücke des Gemeindevorstandes Herrn Seydel zu Möckern.

GENERAL LAGRANGE.
II. Division.
(No. 17.)

François Adélaide Blaise Lelièvre Marquis de Lagrange, französischer Generallieutenant, geboren den 21. December 1766. Er trat sehr jung in das Militair ein, zeigte sich den Prinzipien der Revolution günstig und avancirte deshalb überaus schnell. 1792 war er Adjutant des Marschall Luckner, 1793 Oberst eines Husarenregiments. Um diese Zeit wurde er seiner Stelle entsetzt und als Adliger zu Arras in's Gefängniss geworfen, aus welchem er erst nach dem Sturze Robespierre's, 1794, entlassen wurde. Zu Anfang des Jahres 1800 nach Bouonaparte's Erhebung wieder in den Dienst getreten, ward Lagrange Commandeur eines Jägerregiments, 1807 auf dem Schlachtfelde von Heilsberg Brigadegeneral. Darauf focht er in Spanien, 1809 wieder in Deutschland.

Im Jahre 1813 in der Schlacht bei Möckern am 16. October hatte Lagrange mit der 2. Division des 6. französischen Corps das Dorf dieses Namens besetzt und vertheidigte dasselbe mit heldenmüthiger Tapferkeit gegen das 1. preussische Armeecorps unter York. Im blutigsten Kampfe rang er mit den Preussen um den Besitz von Möckern von Mittags 2 Uhr, bis am Abend eine preussische Granate 4 Munitionswagen inmitten seiner Colonnen in die Luft sprengte und die Preussen, die Verwirrung dieses Moments glücklich benutzend, einen allgemeinen Angriff ausführten und Möckern eroberten.

Der Markstein steht bei der an der Leipzig-Halleschen Strasse liegenden Ziegelei zu Möckern auf einem dem Rittergutsbesitzer Herrn Lieutenant Fuchs-Nordhoff zu Möckern gehörigen Feldgrundstücke.

GENERAL COMPANS.
I. Division.
(No. 15.)

Compans, Jean Dominique, französischer Generallieutenant, geboren am 26. Juni 1769 zu Salies, trat während der Revolution in die Armee, ward 1792 Capitain, machte die Kriege in Spanien und Italien mit und war 1805 im Kriege gegen Oesterreich Brigadegeneral und Generalstabschef. 1806 stieg Compans zum Divisionsgeneral und ward 1807 Grossoffizier der Ehrenlegion. Im Kriege 1812 in Russland kämpfte er mit seiner Division in den Schlachten von Mohilew und an der Moskwa am 7. September mit Auszeichnung, ebenso 1813 in den Schlachten bei Lützen und Bautzen am 2., 20. und 21. Mai.

In der Schlacht bei Möckern am 16. October befehligte Compans die 1. Division des 6. französischen Corps im Centrum der Marmont'schen Aufstellung. Er unterstützte mit seiner Division die in Möckern fechtenden Truppen und bekämpfte die Mitte der Gegner, die 7. Brigade des 1. preussischen Armeecorps unter General Horn. Nach dem Verlust von Möckern ward Compans in die rückgängige Bewegung des sechsten Corps und in die Stellung zwischen Gohlis und Eutritzsch gezogen.

Der Markstein ward gesetzt nördlich von Gohlis auf der sogen. goldenen Höhe auf einem dem Gutsbesitzer Herrn Ullrich zu Gohlis gehörigen Feldgrundstücke.

GENERAL FRÉDÉRIC.
III. Division.
(No. 19.)

Der französische General *Frédéric*, über dessen früheres Leben und Wirken trotz aller Bemühungen keine Nachrichten zu erlangen waren, befehligte in der Schlacht bei Möckern am 16. October 1813 die 3. Division des 6. französischen Corps unter dem Marschall Marmont und bildete in dessen Aufstellung den rechten Flügel, welcher sich an Eutritzsch lehnte. Er kämpfte gegen das Centrum und den linken Flügel York's, die 7. und 8. Brigade des 1. preussischen Armeecorps unter den Generalen Horn und Hünerbein. Nachdem Möckern in den Abendstunden an York verloren war, zog sich Frédéric mit seiner Division fechtend, aber geordnet, mit den übrigen Truppen des 6. Corps in die Position zwischen Gohlis und Eutritzsch zurück.

Der Markstein hat seinen Stand nördlich von Eutritzsch am alten Tauchaer Wege auf einem Feldgrundstücke des Herrn von Alvensleben zu Gohlis.

GENERAL DOMBROWSKI,
„ SOUHAM,
„ DELMAS,
vom III. Corps,

zusammen 12,000 Mann.

(No. 21.)

Der Markstein ward gesetzt östlich vor dem Dorfe Wiederitzsch an der Strasse nach Delitzsch auf einem dem Ortsrichter Herrn Fritzsche zu Wiederitzsch gehörigen Feldgrundstücke.

a.

General Dombrowski.

Dombrowski, Jan Henryk, polnischer General, geboren zu Pierszowice im Palatinat Krakau am 29. August 1755. Im Jahre 1770 trat er als Standartenjunker in sächsische Dienste, stieg zum Rittmeister, ging aber 1792 in sein Vaterland zurück und kämpfte dort im Feldzuge dieses Jahres unter Koscziusko. 1793 ward er Vice-Brigadier und 1794 Generallieutenant. Im Jahre 1796 errichtete Dombrowski eine polnische Legion, mit welcher er für Frankreich in Italien und in den Apenninen focht, ebenso 1801 an der Spitze zweier von ihm neu gebildeter Legionen. 1806 wohnte er mit einem abermals von ihm errichteten polnischen Heere der Belagerung von Danzig bei und zeichnete sich bei Dirschau und Friedland vorzüglich aus. Napoleon belohnte ihn mit dem Grossadler der Ehrenlegion. 1809 befehligte Dombrowski ein Streifcorps, 1812 eine Division der grossen Armee. 1813 organisirte er wieder eine polnische Division. Mit derselben hatte er in der Schlacht bei Möckern am 16. October 1813 — den äussersten rechten Flügel der französischen Stellung auf der Nordseite Leipzigs bildend — die Dörfer Gross- und Klein-Wiederitzsch besetzt. Nach hartnäckigem Kampfe mit den Truppen des General Langeron von der schlesischen Armee, wobei er durch die Generale Souham und Delmas vom 3. französischen Corps unterstützt ward, musste Dombrowski beide Dörfer verlassen. Er zog sich in eine neue Stellung nach dem Vorwerk Pfaffendorf zurück.

b.
General Souham.

Josephe Comte Souham, französischer Divisionsgeneral, geboren den 30. April 1760 zu Tulle. Er nahm sehr jung Dienste in der Armee, zeichnete sich im Revolutionskriege aus und avancirte sehr schnell. Bei Jemappes am 6. November 1792 war er Bataillonschef, 1793 schon Divisionsgeneral. Als solcher focht er in den Feldzügen bis 1812. In diesem Jahre erhielt er den Oberbefehl über die Armee von Portugal und ward zum Grafen ernannt. 1813 befehligte Souham eine Division unter Marschall Ney in den Schlachten bei Lützen am 2. Mai, nach welcher er zum Grossoffizier der Ehrenlegion ernannt ward, und bei Bautzen am 20. und 21. Mai. Hierauf commandirte er das 3. französische Corps unter dem Oberbefehl des Marschall Ney.

Am 16. October 1813 waren die beiden Divisionen Brayer und Riccard vom 3. Corps nach Schönfeld zur Deckung der dort versammelten Armeebagagen beordert, während die 3. Division Delmas einen anderen Theil des Armeefuhrwesens von Düben herüberführte. Mit einer der beiden ersten Divisionen seines Corps nahm Souham am Gefecht bei Gross- und Klein-Wiederitzsch Theil, indem er Nachmittags 2 Uhr von Schönfeld hier eintreffend mit den aus den beiden Dörfern verdrängten Truppen Dombrowski's dieselben zurückeroberte. Nach dem bald darauf erfolgten abermaligen Verlust dieser Dörfer wurden die beiden Divisionen Brayer und Riccard den Marschällen Poniatowski und Macdonald zur Unterstützung zugeschickt.

c.
General Delmas.

Delmas, Antoine Guillaume, französischer General, geboren am 21. Januar 1768 zu Argentac, nahm schon im Alter von 11 Jahren Kriegsdienste in Nordamerika. Im Jahre 1788 entlassen und nach Frankreich zurückgekehrt, ward er daselbst 1791 zum Chef eines Freiwilligenbataillons gewählt; er nahm an den Kriegen Frankreichs bis 1801 rühmlichen Antheil und stieg zum Divisionsgeneral und General-Inspector der Infanterie. Hierauf fiel Delmas in Folge eines Duells und seiner politischen Ansichten wegen in Ungnade und blieb 10 Jahre ohne Anstellung. Erst im Jahre

1813 erhielt er wieder das Commando einer Division, mit welcher er in der Schlacht bei Lützen am 2. Mai focht.

Am 16. October 1813 führte Delmas mit der 3. Division vom 3. französischen Corps einen Theil des Armeefuhrwesens von Düben nach Leipzig. Zwischen Klein-Podelwitz und Göbschelwitz angekommen, griff er mit seinen Truppen in das Gefecht bei Gross- und Klein-Wiederitzsch ein und kämpfte gegen Langeron in dem nordöstlich von Wiederitzsch gelegenen, jetzt nur von Kieferbäumen bestandenen Birkenhölzchen. Von den Russen zurückgeschlagen, wandte sich Delmas über Seehausen nach Plösen und Neutzsch, wo er auf Ney's Befehl stehen blieb.

Linie der Verbündeten:

GENERAL VON BLÜCHER.

Schlesische Armee, 60,000 Mann.

Gebhardt Leberecht von Blücher, preussischer General, geboren am 16. December 1742 zu Rostock. Er trat sehr jung in schwedische Militairdienste, gerieth in preussische Gefangenschaft und nahm darauf in der preussischen Armee Dienste, wo er, 1760, als Cornet im Regiment der schwarzen Husaren eingestellt ward. Blücher kämpfte noch in den letzten Jahren des siebenjährigen Krieges unter Friedrich dem Grossen, namentlich in den Schlachten von Kunersdorf und Freiberg, und avancirte 1771 zum Stabsrittmeister. Wegen einer erlittenen Uebergehung im Avancement verliess er hierauf den Dienst und trat erst nach 15 Jahren, 1787, in denselben als Major zurück, stieg hierauf 1790 zum Oberst, nach den Schlachten von Moorlautern und Kaiserslautern 1793 und 1794, in welchen er sich sehr ausgezeichnet, zum Generalmajor, 1801 zum Generallieutenant. 1806 am 14. October kämpfte Blücher in der Schlacht bei Jena und Auerstädt, marschirte darauf in das Gebiet von Lübeck, wo er in der Nähe von Ratkow in französische Gefangenschaft gerieth, am 27. Februar 1807 aber gegen den französischen Marschall Victor ausgewechselt wurde. Er commandirte darauf ein Corps in Schwedisch-Pommern bei der Vertheidigung von Stralsund, war darauf Generalcommandant von Pommern und ward 1812 auf Veranlassung Napoleon's in den Ruhestand versetzt. Die Folgen des russischen Feldzuges riefen ihn zu neuer Thätigkeit. Im Frühjahr 1813 kämpfte er wieder in den Schlachten von Lützen am 2. Mai und Bautzen am 20. und 21. Mai. In dem zu Trachenberg in Schlesien am 12. Juli 1813 verhandelten Kriegsplane der verbündeten Monarchen ward ihm der Oberbefehl über die schlesische Armee anvertraut, mit welcher er am 26. August an der Katzbach den berühmten Sieg über den französischen Marschall Macdonald erfocht.

Am 12. October 1813 hatte Blücher mit der schlesischen Armee hinter der Saale eine Aufstellung genommen, wobei die Vorhut bis gegen Lindenthal, Radefeld und Freiroda vorstand. Blücher's Hauptquartier befand sich in Halle. Am 13. October liess Blücher durch die Vorhut seiner Armee eine Recognoscirung gegen Leipzig und Düben unternehmen, wobei dieselben mit Truppen von Marmont in's Gefecht geriethen. Diese Vorpostengefechte wiederholten sich am 14. und 15. October. Zum Zweck des am 16. October beabsichtigten allgemeinen Angriffs dirigirte Blücher am 15. October das Corps von York nach Schkeuditz, das von Langeron nach Werlitzsch und Kursdorf, das von Sacken nach Grosskugel. Dem General St. Priest, welcher am 12. October mit 10—12,000 Mann nach Merseburg marschirt war, sandte er noch am Abend dieses

Tages Befehl, über Schkeuditz mit Langeron sich zu vereinigen. Um mehr Aufklärung über Stärke und Aufstellung des anzugreifenden Feindes zu erlangen, befahl Blücher noch für den 16. October Morgens 6 Uhr eine Recognoscirung durch die Vorhut, verstärkt durch die Reservecavallerie der Corps von York, Langeron und Sacken. Diese Truppen fanden die Dörfer Stahmeln und Wahren an der Halle'schen Strasse, Radefeld, Freiroda, Lindenthal und den Tannenwald an der Landsberger Strasse besetzt. Blücher, welcher Vorm. 8 Uhr auf der Höhe von Lützschena eingetroffen war, befahl deshalb Vorm. 10 Uhr den Aufbruch sämmtlicher Armeecorps, liess York Lindenthal und den Tannenwald, Langeron Freiroda und Radefeld angreifen, den General Emanuel aber eine Recognoscirung gegen Hohenossig vornehmen, da er den Feind von Düben nach Leipzig im Anmarsch glaubte. Es entwickelte sich nun auf dem rechten Flügel der schles. Armee die Schlacht bei Möckern, auf dem linken Flügel unter Langeron das durch die Rietschke abgetrennte Gefecht bei Gross- und Klein-Wiederitzsch. Möckern und die beiden Dörfer Wiederitzsch wurden erobert. Das Nähere über diese Kämpfe ist verzeichnet bei den Marksteinen für die unter Blücher commandirenden Generale. Blücher selbst hielt sich an diesem Tage wegen des auf seinem linken Flügel über Hohenossig von Düben her erwarteten Hauptangriffs der Franzosen in der Nähe Langeron's auf der Landsberger Strasse vorwärts Lindenthal auf und überliess York die selbstständige Führung der Schlacht bei Möckern

Blücher übernachtete vom 16. zum 17. October in der Pfarre zu Gross-Wiederitzsch.

Das Blücher's Standquartier während der Schlacht am 16. October bezeichnende Denkmal wird für jetzt

nur durch einen einfachen Stein in der Nähe der
Windmühle von Lindenthal auf einem Grundstücke des
Mühlenbesitzers Herrn Werner daselbst angedeutet,
weil der Wunsch, dem Heldengreise ein seiner Grösse
würdiges Monument zu errichten, noch einige Zeit zur
Ausführung bedarf.

GENERALLIEUTENANT VON YORK,
I. preussisches Armeecorps, 21,500 Mann.
(No. 20.)

Von York, Hans David Ludwig, Graf von Wartenburg, preussischer Generallieutenant, stammt aus einer alten, englischen Familie, die sich in Pommern ansässig gemacht hatte, und wurde geboren zu Potsdam am 26. September 1759. Im Jahre 1772 schon trat der junge York als Fahnenjunker in die Armee ein, ward 1777 Lieutenant und machte den Feldzug von 1778 mit. 1782 nahm er als Compagnie-Chef in der holländischen Armee Dienste und kämpfte 1783 und 1784 in Ostindien; er kehrte darauf in sein Vaterland zurück, wo er 1786 als Compagnie-Chef wieder angestellt ward. 1792 wurde York zum Major, 1800 zum Oberstlieutenant, 1803 zum Oberst, 1805 zum Brigadier befördert. Als solcher befehligte er im Feldzuge 1806 die Avant- und später die Arrièregarde des Corps des Herzogs von Weimar und deckte mit grosser Geschicklichkeit und Klugheit am 26. October 1806 dessen Uebergang über die Elbe bei Altenzaun. Hierauf am 6. November bei Lübeck verwundet und gefangen, ward er nach seiner im Februar 1807 erfolgten Auswechslung Generalmajor, zu Ende des Jahres 1808 Brigade-Commandeur, 1810 General-Inspector der leichten Truppen, 1811 General-Gouverneur von Ostpreussen. 1812 erhielt York unter Ernennung zum Generallieutenant das Commando des zum französischen Heere stossenden preussischen Hülfscorps und schloss am 30. December in der Pocharunschen Mühle bei Tauroggen die bekannte Convention ab, zu Folge deren sich das preussische Corps von den Franzosen trennte. Im Frühjahr 1813 nahm er an den Schlachten von Lützen am 2. und Bautzen am 20. und 21. Mai rühmlichen Antheil. Nach dem Waffenstillstande befehligte er das 1. preussische Corps bei der schlesischen Armee. Er trug wesentlich zum Siege Blücher's an der Katzbach am 26. August bei und erfocht am 3. October bei Wartenburg den berühmten Sieg über den General Bertrand. Der König verlieh ihm hiervon den Namen eines Grafen von Wartenburg.

Am 16. October 1813 lieferte General York auf dem rechten Flügel der schlesischen Armee die denkwürdige Schlacht bei Möckern. Um 10 Uhr Vormittags brach sein Corps aus den Bivouaks hinter Schkeuditz zu Seiten der Halle-Leipziger Strasse auf; die Avantgarde unter Major Hiller ging auf der genannten Strasse vor und vertrieb die Franzosen aus Stahmeln und Wahren, während das Gros seines Corps bei Lützschena sich links wandte, Lindenthal und den Tannenwald angriff, die französische Besatzung daraus vertrieb und in ihre Hauptstellung zwischen Möckern und Eutritzsch zurückwarf. 2 Uhr Nachmittags begann der heisse und blutige Kampf um Möckern, der erst bei einbrechendem Abend mit der Eroberung dieses Dorfes durch York's tapfere und unerschrockene Schaaren endete. York, dem Blücher den selbstständigen Befehl bei Möckern übertragen, leitete zum grössten Theil vom Boden des Schmiedehauses zu Wahren diese für die preussischen Waffen so ruhmreiche Schlacht, doch kämpfte er auch selbst an der Spitze der Reservereiterei.

Während der folgenden Nacht bivouakirten die Truppen York's vorwärts Möckern bis hinüber an die Rietschke.

Der Markstein ward errichtet an der Leipzig-Halleschen Strasse am Eingange in das Dorf Wahren auf einem Feldstücke der Herren von Stammer in Wahren.

GENERAL VON SACKEN.
9000 Reiter.
(No. 18.)

Fabian von Sacken, russischer General, stammt aus einer kurländischen adligen Familie und ward geboren im Jahre 1752. Schon im Jahre 1766 als Unterlieutenant in die russische Armee eingetreten, zeichnete sich Sacken in den Kriegen Russlands, insbesondere beim Sturme auf Ismail, durch hervorragende Tapferkeit aus und war im Jahre 1797 schon Generalmajor. Hierauf bis zum Jahre 1812 ohne bestimmte Thätigkeit, stellte ihn Kaiser Alexander in diesem Jahre an die Spitze des Armeecorps, welches gegen die Oesterreicher und Sachsen in Vollhynien kämpfte. Nach dem Waffenstillstande 1813 befehligte Sacken ein russisches Corps beim schlesischen Heere unter Blücher, mit welchem er am 26. August in der Schlacht an der Katzbach mit grosser Auszeichnung focht.

Zur Schlacht bei Möckern am 16. October 1813 brach Sacken mit seinem Corps Vormittags 10 Uhr aus seinen Bivouaks bei Grosskugel auf, besetzte beim Vorgehen Langeron's auf Wiederitzsch mit der Infanterie seines Corps Radefeld, während die Cavallerie sich mit der York's zum Angriff auf Lindenthal vereinigte und darauf in der Intervalle zwischen York's und Langeron's Truppen aufgestellt wurde. In dieser Position verblieb das Sacken'sche Corps während der Schlacht, in der Nacht darauf stand es bei Lindenthal.

Der Markstein steht an dem von Wahren nach Lindenthal' führenden Wege auf einem dem Gutsbesitzer Herrn Jähnigen zu Lindenthal gehörigen Grundstücke.

GENERALLIEUTENANT ST. PRIEST.
12,000 Mann Russen.
(No. 14.)

Emanuel de St. Priest, russischer General, geboren in Frankreich, ging beim Ausbruch der Revolution nach Russland und nahm dort Kriegs-Dienste. Im Jahre 1812 russischer Generalmajor, zeichnete er sich in der Schlacht von Borodino am 7. September 1812 und 1813 in den Schlachten von Lützen am 2. und Bautzen am 20. und 21. Mai aus.

Nach dem Waffenstillstande 1813 befehligte General St. Priest ein russisches Corps bei der schlesischen Armee. Mit demselben traf er zur Schlacht bei Möckern am 16. October aus seiner Stellung bei Merseburg am Nachmittage dieses Tages auf dem Schlachtfelde ein, und es wurde ein Theil seines Corps mit einer Batterie von 36 zwölfpfündigen Geschützen bei Lindenthal, der andere grössere Theil vor Breitenfeld aufgestellt. St. Priest warf die in die Intervalle zwischen Wiederitzsch und seinem Corps eindringende französische Colonne zurück; die folgende Nacht stand sein Corps bei Lindenthal.

Der Markstein hat seinen Stand nordöstlich von Lindenthal an dem von diesem Ort nach Breitenfeld führenden Wege auf einem dem Gutsbesitzer Herrn. Felgner in Lindenthal gehörigen Feldgrundstücke.

GENERAL GRAF LANGERON,
18,500 Mann Russen.
(No. 16.)

Graf Langeron, russischer General der Infanterie, geboren in Frankreich im Jahre 1764, trat jung in die Kriegsdienste seines Vaterlandes und zeichnete sich schon im amerikanischen Kriege unter den Befehlen des nachherigen Marschall Rochambeau aus, sodass er bei der Rückkehr nach Frankreich den Grad eines Obersten en second erhielt. 1787 verliess Langeron Frankreich und begab sich nach Russland, wo er, von der Kaiserin Katharina in einem erhöhten Grade in der Armee angestellt, in den Kriegen Russlands grosse Tapferkeit und militärische Talente bewies. Als Generallieutenant focht Langeron im Feldzuge des Jahres 1806 in Deutschland, 1812 in Russland. 1813 befehligte er ein russisches Corps beim schlesischen Heere, mit welchem er in der Schlacht an der Katzbach am 26. August die französische Division Puthod zwang, das Gewehr zu strecken.

Am 16. October 1813 in der Schlacht bei Möckern war dem General Langeron auf dem linken Flügel des schlesischen Heeres die Eroberung der Dörfer Gross- und Klein-Wiederitzsch übertragen. Um 10 Uhr des Vormittags brach sein Corps aus dem Bivouaks bei

Werlitzsch und Kursdorf auf und traf Mittag 12 $\frac{1}{2}$ Uhr hinter Radefeld auf die Franzosen, welche sich sogleich nach dem Tannenwald zurückzogen. Langeron drang hierauf weiter über Breitenfeld auf der Landsberger Strasse nach Gross- und Klein-Wiederitzsch vor. Diese Dörfer waren von der polnischen Division Dombrowski besetzt und wurden von diesen Truppen mit Hülfe einer Division vom 3. französischen Corps unter Souham hartnäckig vertheidigt. General Langeron eroberte beide Dörfer und schlug auch den Angriff des General Delmas auf das nahe gelegene Birkenhölzchen zurück. Langeron's Truppen nahmen hierauf Stellung zwischen Eutritzsch und Wiederitzsch und der Mockauer Windmühle.

Der Markstein erhielt seinen Stand südlich von Breitenfeld an der von Lindenthal nach Wiederitzsch führenden s. g. Salzstrasse auf einem Feldgrundstücke der Gemeinde Lindenthal.

Wanderung durch das Schlachtfeld von Möckern.

Mit Omnibus- oder anderer Fahrgelegenheit bis zum Marksteine

1) *Marmont* (s. S. 33) in kurzer Entfernung vor dem Dorfe Möckern an der Leipzig-Halleschen Chaussée. Bei der Ziegelei daselbst findet der Wanderer den Stein

2) *Langrange* (s. S. 35) und einige hundert Schritte weiter vorwärts das Denkmal des 19. October-Vereins. Von hier führt ein Feldweg nach der Landsberger Strasse, an dessen Mündung, die s. g. goldene Höhe, der Stein

3) *Compans* (s. S. 36) errichtet wurde. Oestlich hiervon am alten Tauchaer Wege unweit Eutritzsch erhebt sich der Stein

4) *Frédéric* (s. S. 37). Auf der Delitzcher Strasse gelangt man vor Wiederitzsch zum Stein

5) *Dombrowski, Souham, Delmas* (s. S. 38). Nördlich vom Dorfe Wiederitzsch führt ein Weg links ab

nach Breitenfeld am Denkmal der Breitenfelder Schlacht vorüber. Südlich dieses Dorfes an der sogen. Salzstrasse hat der Stein

6) *Langeron* (s. S. 49) seinen Stand, während nordöstlich von Lindenthal am Wege nach Breitenfeld der Stein

7) *St. Priest* (s. S. 48) sich befindet. An der Landsberger Strasse südlich von Lindenthal steht die Lindenthaler Windmühle, in deren Nähe das Standquartier

8) *Blücher's* (s. S. 42) bezeichnet werden soll. Vom westlichen Ausgange Lindenthals führt ein Weg nach Wahren. An demselben trifft der Wanderer den Stein

9) *Sacken* (s. S. 47) und am Eingange in das Dorf Wahren an der Halle-Leipziger Chausée den Markstein

10) *York* (s. S. 45).

Wer früh 6 Uhr die verzeichnete Wanderung auf das Schlachtfeld von Möckern beginnt, kann Nachmittag 2 Uhr in Wahren eintreffen und an nicht zu kurzen Tagen das Feld des Gefechtes von Lindenau noch besuchen, wenn er sich auf der chaussirten Waldstrasse nach Leutzsch begiebt und die nach den Lindenauer Marksteinen vorgeschriebene Marschroute verfolgt.

C.
Gefecht bei Lindenau.

Es mag vielleicht manchem Besucher des Lindenauer Kampffeldes auffallend erscheinen, wenn er hier die französischen Truppen nur durch einen Markstein (General Bertrand) vertreten sieht, dem drei Marksteine österreichischer Truppenabtheilungen (Feldzeugmeister Gyulai, Prinz Philipp Hessen Homburg, Fürst Moritz Liechtenstein) gegenüberstehen.

Der Führer erlaubt sich demnach daran zu erinnern, dass die Vertheidigung eines Ortes in der Regel weniger Truppen erfordert als dessen Eroberung. Ferner war es wohl Gyulai's Auftrag, einen vielleicht glückenden Versuch zu machen, nach Leipzig zu gelangen. Jedenfalls wurden durch den Angriff der Verbündeten auf Lindenau dem Kaiser Napoleon Kräfte für die Schlacht bei Wachau entzogen. Wer Geschichte und Terrain der Völkerschlacht kennt, wird auch die Bemerkung gemacht haben, dass vom ersten Schlachttage, den 16. October, an bis zum Tage des erklärten Rückzugs, den 19. October, der Lindenauer Theil des grossen Leipziger Schlachtfeldes wenig und immer weniger von der bedeutenden Uebermacht der Verbündeten zu empfinden hatte. Die Thatsache steht fest und die natürliche Folge davon ist für die Markirung die gänzlich abweichende Gestalt, welche die zum Gefecht von Lindenau gehörenden Marksteine, als ein Ganzes betrachtet, annehmen, wenn man sie mit der Markirung der anderen Schlachten vergleicht, wo es die Stellung der Truppen zulässt, die Linien ziemlich parallel einander gegenüber zu stellen.

Die Marksteine tragen auf der dem Kampffeld zugekehrten breiten Seite die Inschrift:

GEFECHT BEI LINDENAU
AM 16. OCTOBER 1813.

Französische Linie:

GENERAL BERTRAND.

IV. Corps. 10,000 Mann.

(No. 23.)

General Graf Henri Gratian Bertrand, geboren 1770 zu Chateauroux, widmete sich anfänglich der Baukunst, die Revolution führte ihn aber zum Militair. Er trat in die Nationalgarde von Paris ein, diente darauf als Ingenieur und folgte Napoleon nach Aegypten, wo er dessen Aufmerksamkeit erregte und von ihm kurz nach einander zum Oberstlieutenant, Oberst und Brigadegeneral befördert wurde. In den Kriegen 1806 und 1807 zeichnete sich Bertrand namentlich in der Schlacht bei Austerlitz am 14. October 1806 rühmlich aus und ward zum Divisionsgeneral, zu einem der Adjutanten Napoleons und später zum Grafen ernannt. In der

Schlacht bei Aspern am 21. und 22. Mai 1809 erwarb er sich grosse Verdienste durch den berühmten Wiederaufbau der zerstörten Donaubrücke. Hierauf kämpfte Bertrand 1812 in Russland; 1813 erhielt er den Befehl über das 4. Armeecorps und ward von Napoleon zum Grossmarschall des Palastes erhoben. Mit dem 4. Corps focht Bertrand in den Schlachten von Bautzen am 20. und 21. Mai, Grossbeeren am 23. August und Dennewitz am 6. September; am 3. October verlor er gegen York das berühmte Treffen von Wartenburg.

Am ersten Schlachttage von Leipzig den 16. October hatte General Bertrand das Dorf Lindenau besetzt und vertheidigte dasselbe gegen die Angriffe des 3. österr. Armeecorps unter dem Feldzeugmeister Gyulai. Am 18. October des Vormittags liess ihn Napoleon durch den Marschall Mortier mit der 1. und 2. Division der jungen Garde ablösen und befehligte ihn nach Weissenfels zum Schutze der Saaleübergänge. Bertrand liess von 10 Uhr Vormittags an noch einige Angriffe in Kleinzschocher gegen Gyulai unternehmen, um demselben seinen Abmarsch zu verdecken, der gegen Mittag ausgeführt ward.

Nach dem Sturze Napoleons 1814 folgte ihm der treu gebliebene Bertrand nach der Insel Elba, 1815 wieder nach St. Helena und harrte dort bis zum Tode Napoleons, den 5. Mai 1821, aus. Hierauf erst kehrte er nach Frankreich zurück und ward noch im Jahre 1840, kurze Zeit vor seinem Tode, zur Abholung der irdischen Ueberreste seines Kaisers nach St. Helena gesandt.

Der Markstein steht am Eingange des dem Brauereibesitzer Herrn Naumann in Leipzig gehörigen Felsenkellers zu Plagwitz.

Linie der Verbündeten:

GENERAL GRAF GYULAI.
III. österreichisches Corps, 17,000 Mann.
(No. 22.)

Graf Ignaz Gyulai, österreichischer General-Feldzeugmeister, geboren am 11. September 1763 zu Hermannstadt, trat 1781 als Cadet in das Regiment seines Vaters ein, durchlief schnell die unteren Grade und war schon 1789 Major, 1790 Oberstlieutenant und Chef eines Freicorps, 1795 Oberst und 1797 Generalmajor. Er hatte während dieses Avancements an den Kriegen Oesterreichs gegen die Türkei und Frankreich rühmlichen Antheil genommen; im Jahre 1800 organisirte er den Landsturm im Breisgau. Zum Feldmarschalllieutenant befördert kämpfte Gyulai am 3. December 1800 in der Schlacht von Hohenlinden, 1806 ward er Pan von Croatien, Dalmatien und Slavonien; 1809 befehligte er das 9. Corps in Italien, 1812 die Armee, welche das Banat, Galizien und Transsylvanien deckte, im Feldzuge 1813 als Feldzeugmeister das 3. österreichische Corps.

Am Tage der Schlacht von Wachau am 16. October 1813 mit der Eroberung des Dorfes Lindenau beauftragt, traf Gyulai Morgens gegen 8 Uhr, von Markranstädt kommend, vor genanntem Dorfe ein, konnte jedoch trotz aller Tapferkeit seiner Unterfeldherren und Truppen sein Ziel nicht erreichen. Er behielt am Abend die Dörfer Kleinzschocher, Leutsch und Barneck besetzt.

Am 18. October nahm Gyulai Stellung zwischen Kleinzschocher und Schönau und liess bei Leutsch und Barneck nur das 2. Jägerbataillon und ein Zug von Kaiser-Chevauxlegers stehen. Um 10 Uhr Vormittags ward Gyulai vom General Bertrand in Kleinschocher angegriffen; um Mittag ging er einem eingegangenen Befehle des Fürsten von Schwarzenberg gemäss mit seinem Corps über Knauthain nach Gautzsch.

Der Markstein ward gesetzt westlich von Lindenau an der Lützener Strasse auf einem Feldgrundstücke des Gutsbesitzer Herrn Eisert in Lindenau.

PRINZ VON HESSEN-HOMBURG.
I. Colonne vom III. österr. Corps.
(No. 24.)

Prinz Philipp August Friedrich von Hessen-Homburg, österreichischer Feldmarschalllieutenant, geboren zu Homburg am 11. März 1779, trat im Jahre 1794 als Hauptmann in holländische, 1797 in gleicher Charge in österreichische Dienste, avancirte zum Oberst und focht in den Schlachten bei Landshut, Aspern und Wagram im Jahre 1809. Zum Generalmajor befördert commandirte der Prinz hierauf eine Brigade in Wien; 1812 kämpfte er in Russland und 1813 als Feldmarschallieutenant in den Schlachten bei Dresden am 26. und 27. August und bei Kulm am 30. August.

In dem Gefecht bei Lindenau am 16. October 1813 befehligte der Prinz von Hessen-Homburg die 1. Colonne vom 3. österr. Corps unter Gyulai. Dessen linken Flügel bildend, vertrieb er die Franzosen aus Leutzsch und drang nach Lindenau vor, welchen Ort er auch zweimal stürmte, sich aber darin nicht halten konnte. Er zog darauf das Gros seiner Truppen auf die westlich von Leutsch gelegenen Höhen zurück und liess nur die Jäger das Gefecht an der Luppe und im Gehölz vor dem Dorfe bis zur eintretenden Dunkelheit fortsetzen.

Der Markstein steht westlich von Leutzsch am Schönauer Wege auf einem Grundstücke des Gutsbesitzers Herrn Grabau zu Leutzsch.

FÜRST MORITZ LIECHTENSTEIN.
I. österr. leichte Division, 5500 Mann.
(No. 26.)

Fürst Moritz Joseph von Liechtenstein, österreichischer Feldmarschalllieutenant, ward geboren im Jahre 1775.

Derselbe befehligte in dem Gefechte bei Lindenau am 16. October 1813 die erste österreichische leichte Division unter Gyulai und bildete in dessen Aufstellung den rechten Flügel bei Kleinzschocher. Nach hartnäckigem Kampfe vertrieb Fürst Moritz Liechtenstein die Franzosen aus Kleinzschocher und ging sodann an der Ziegelei und dem Dammwäldchen vor, um die Franzosen im Steinbruch und in Plagwitz anzugreifen. Diese

Versuche, bei welchen der Fürst verwundet wurde, missglückten jedoch, worauf er sich mit seinen Truppen an die Windmühle von Kleinzschocher zurückzog und in dieser Stellung behauptete.

Der Markstein ward gesetzt an der von Lindenau nach Kleinzschocher führenden Strasse in der Nähe der Windmühle von Kleinzschocher auf einem dem Rittergutsbesitzer Herrn Baron von Tauchnitz daselbst gehörigen Feldgrundstücke.

Wanderung durch das Gefechtsfeld von Lindenau.

Auf der Seite 52 angeführten Strasse von Wahren in Leustzsch angekommen, findet der Wanderer westlich des Dorfes am Wege nach Schönau den Markstein

1) *Prinz von Hessen-Homburg* (s. S. 57). Er verfolgt hierauf den Weg nach Schönau, wendet sich aber in kurzer Entfernung vor dem Dorfe auf dem links abführenden Feldweg nach der Lützener Chaussée, an welcher der Stein

2) *Gyulai* (s. S. 56) sich erhebt. Von hier führt ein Feldweg südöstlich nach Kleinzschocher zum Stein

3) *Fürst Moritz von Liechtenstein* (s. S. 58) in der Nähe der Windmühle daselbst. Nördlich von hier auf dem Felsenkeller zu Plagwitz ist der Stein für

4) *Bertrand* (s. S. 57) errichtet, und bietet sich dem Ermüdeten daselbst Gelegenheit zu einer erfrischenden Stärkung.

Schliesslich kann auf dieser Wanderung der

5) *Mortier* (s. d.) bestimmte Stein besichtigt werden, welcher in Lindenau neben der Lützener Strasse am Wege zur Brauerei des Herrn Offenhauer aufgestellt wurde. Wie Seite 55 erwähnt, löste Mortier am 18. October den General Bertrand hier ab.

Der 18. October.

D.
Schlachtfeld von Leipzig.

Bei der grossen Veränderung, welche Kaiser Napoleon I. während der Nacht vom 17. zum 18. October in der Stellung seiner Heeresmassen vornahm, indem er sie näher an Leipzig heranrückte, von Beginn der Schlacht an fast nur vertheidigungsweise verfuhr und in den Nachmittagsstunden vor dem Dunkelwerden den entschiedenen Befehl zum Rückzug ertheilte, wird auch bei der Markirung der Heerhaufen ein anderes Verfahren nöthig, als die Schlachten am 16. October dieselbe bedingten. Die Verbündeten theilten die schon im Feuer gewesenen und die neu angekommenen Truppen (letztere mehr als 100,000 Mann) in fünf gewaltige Heeressäulen, deren jede mehrere der am 16. October für sich fechtenden Corps enthielt. Um den Besucher in möglichster Klarheit zu erhalten, wird der Führer unter dem Titel des Marksteins, welcher den Namen des Colonnen-Befehlshabers und die Zahl seiner Schaaren enthält, auch die Namen der ihm untergeordneten Corps-

Commandanten nennen, damit der Leser sowohl von dem nunmehrigen Stande der neu angekommenen, als auch von den schon am 16. in Thätigkeit gewesenen, genaue Kenntniss erhalte. Die Markirung der französischen Befehlshaber und ihrer Schaaren richtet sich nach den Stellungen der auf sie einstürmenden verbündeten Colonnen, wodurch es möglich wird, wenigstens annähernd die Linien der kämpfenden Schaaren zu bezeichnen. Bei dem furchtbaren Drängen und Verschieben der Massen, bei dem Stürmen mehrerer Ortschaften, bei der oft zur räthselhaften Grösse anschwellenden Verstärkungen, wobei durchaus nicht nachgewiesen ist, woher auf einmal ganze Regimenter gekommen sein mögen, die jetzt in den Kampf eingreifen, hat der Verfasser von Einzelheiten sich möglichst fern gehalten, um erst durch Erfahrung kennen zu lernen, was von den Besuchern des Schlachtfeldes noch vermisst wird. Wenn Graf Langeron, der an diesem Tage unter dem Kronprinzen von Schweden stand, einen eigenen Markstein für seinen ruhmvollen Sturm auf Schönfeld erhielt, so mag das dadurch gerechtfertigt werden, dass diese That eine der klarsten und glänzendsten Episoden in dem furchtbaren Chaos dieses Schlachtentages bildet. Der englische Capitain Bogue erhält seinen Markstein als Vertreter der für die Befreiungskriege so überaus thätigen englischen Nation. Noch zu erwähnen ist, dass der Führer die Colonnen der verbündeten Armee abweichend von Aster und Anderen von Westen nach Osten und im Haken herum nach Norden aufzählt, weil ihm dies zur Uebersicht der Massen am geeignetsten erschien, welche oft ihre Stellungen da einnehmen, wo in grosser Nähe die Marksteine der am 16. October kämpfenden französischen Heerführer sich befinden.

Sämmtliche Marksteine des 18. Octobers, mit Ausnahme der für Langeron und Marmont, tragen auf der dem Schlachtfelde zugekehrten breiten Seite die Inschrift:

SCHLACHT BEI LEIPZIG
AM 18. OCTOBER 1813.

Linie der Verbündeten:

I. Colonne.
ERBPRINZ VON HESSEN-HOMBURG,
später
GENERAL GRAF VON NOSTITZ.
50,000 Mann.

(No. 34.)

Erbprinz Friedrich von Hessen-Homburg, österreichischer General der Cavallerie, geboren am 30. Juli 1769, focht schon im italienischen Kriege bei Modena als Oberstlieutenant; er zeichnete sich im französischen Revolutionskriege und in den Kriegen Oesterreichs bei mehreren Gelegenheiten rühmlich aus und befehligte 1813 das österreichische Reservecorps.

In der Schlacht bei Leipzig am 18. October 1813 führte der Erbprinz den Oberbefehl über die erste oder linke Flügel-Colonne der verbündeten Armee. Zu derselben gehörten: das 1. österreichische Armeecorps Colloredo, welches erst am 17. October von seinem Marsche aus Böhmen bei Leipzig eingetroffen war, die Divisionen Aloys Liechtenstein, Bianchi und Weissenwolf und die Reservereiterei des Grafen Nostitz, welche schon am 16. gefochten hatten. Mit diesen Truppen kämpfte der Erbprinz gegen die französischen Heere der Marschälle Poniatowski, Augerau und Oudinot und eroberte von denselben die Dörfer Dösen, Dölitz und Lössnig. Die Angriffe auf Connewitz blieben ohne siegreichen Erfolg. Unterstützt wurden diese Kämpfe von dem auf dem linken Ufer der Pleisse von Dölitz bis Connewitz aufgestellten 2. österreichischen Armeecorps unter Feldmarschalllieutenant Lederer an Stelle des am 16. October in Gefangenschaft gerathenen General von Meerfeldt.

Während der Nacht verblieben die Truppen auf dem eroberten Terrain von Lössnig bis nördlich von Dösen.

Bei dem zweiten Angriff auf Dölitz gegen Mittag war der Erbprinz von Hessen-Homburg verwundet worden, worauf General Graf Nostitz den Oberbefehl über die 1. Colonne übernahm.

General Graf von Nostitz.

Johann Nepomuk Graf von Nostitz-Rieneck, geboren im Jahre 1768, trat 1785 in österreichische Dienste und kämpfte in den Kriegen Oesterreichs mit grosser Tapferkeit. Er war schon im Jahre 1800 Generalmajor, 1809 Feldmarschalllieutenant.

In der Schlacht bei Wachau am 16. October 1813 befehligte derselbe einen Theil der österreichischen Reserve-Cavallerie, mit welchem er den bereits S. 19 erwähnten berühmten Reiterangriff von Cröbern nach Probstheida ausführte. Am 18. October übernahm er, wie oben gesagt, nach der Verwundung des Erbprinzen von Hessen-Homburg den Oberbefehl über die 1. Colonne der verbündeten Armee.

Der Markstein ward gesetzt bei Dölitz am Wege nach Dösen auf einem dem Rittergutsbesitzer Herrn von Winkler gehörigen Feldgrundstücke.

II. Colonne.

GENERAL BARCLAI DE TOLLY.
50,000 Mann.
(No. 32.)

Barclai de Tolly, russischer General, geboren 1759 in Liefland, in russische Militair-Dienste getreten 1776. Er zeichnete sich während der folgenden Jahre in den Kriegen Russlands ehrenvoll aus und ward im Jahre 1809 General der Infanterie und Gouverneur von Finnland. 1810 erwarb sich Barclai als Kriegsminister vielfache Verdienste um die russische Armee, im Feldzuge 1812 führte er das Commando der ersten Westarmee. Er lieferte mit derselben die blutige Schlacht von Smolensk am 17. August; in der Schlacht bei Borodino am 7. September commandirte er den rechten Flügel der russischen Armee, 1813 kämpfte er in der Schlacht bei Bautzen am 20. und 21. Mai.

Am zweiten Schlachttage von Leipzig, den 18. October 1813, befehligte General Barclai de Tolly die 2. Haupt-Colonne der Verbündeten, zu welcher das Wittgensteinsche Corps (Gortschakoff, Prinz Eugen von Württemberg), der grösste Theil des 2. preussischen Armeecorps Kleist, das 2. russische Grenadiercorps Rajeffsky, die Reserven und russischen und preussischen Garden unter dem Grossfürsten Constantin, General Miloradowitzsch und Oberstlieutenant von Alvensleben, gehörten.

Diese Truppen brachen Morgens 7 Uhr aus ihrer Stellung, welche sich von der westlichen Ecke des Universitätswaldes bis westlich von Güldengossa erstreckte, auf, nahmen auf ihrem Vormarsche Liebertwolkwitz, Wachau und gegen 10 Uhr Vormittags die Schäferei Meusdorf und drangen gegen Probstheida vor. Dieser Ort war von Victor's und Lauriston's Truppen stark besetzt, eignete sich auch sonst durch seine Mauern und Gräben gut zur Vertheidigung.

Um 2 Uhr Nachmittags unternahmen die 10. und 12. preussische Brigade, unterstützt von der 9. und 11. Brigade (Kleistsches Corps) und mehreren Batterien, den Angriff auf Probstheida. Prinz Eugen von Württemberg mit seiner ihm am 16. October verbliebenen kleinen Schaar wiederholte denselben. Aller Tapferkeit und Ausdauer der Truppen ungeachtet gelang dem General Barclai nicht, in dem Dorfe festen Fuss zu fassen, und da schon jetzt der Rückzug der französischen Armee deutlich zu erkennen war, befahl Kaiser Alexander, den Kampf um Probstheida abzubrechen, obschon bis zur eingetretenen Dunkelheit noch das Geschütz- und Kleingewehrfeuer unterhalten ward.

Die Reserven und Garden waren hinter dem sogen. Monarchenhügel stehen geblieben und hatten keinen thätigen Antheil an der Schlacht genommen. Dieselben bivouakirten während der Nacht zwischen Liebertwolkwitz und Wachau, die übrigen Truppen Barclai's auf dem Terrain von Zuckelhausen über die Colditzer Strasse bis nördlich von Dösen.

Der Markstein hat seinen Stand an der Chaussée einige hundert Schritt südlich vom Gasthofe Meusdorf am Wege zum Monarchenhügel. Der Raum ist vom 19. October-Verein freundlichst überlassen worden.

III. Colonne.
GENERAL GRAF BENNIGSEN.
65,000 Mann.
(Nro. 28.)

Levin August Theophil Graf von Bennigsen, geboren 1745 zu Braunschweig, nahm 1759 in Hannover Militairdienste und kämpfte schon als Offizier in den letzten Jahren des siebenjährigen Krieges. 1773 in russische Dienste eingetreten, focht Bennigsen im Türkenkriege, in den Jahren 1793 und 1794 in Polen und 1796 im persischen Kriege mit Auszeichnung, ward 1798 Generallieutenant und 1802 Generalgouverneur in Litthauen und General der Cavallerie. Im Kriege 1806 siegte er bei Pultusk, 1807 kämpfte er in den Schlachten bei Eylau und Friedland am 8. Februar und 14. Juni; 1812 am 7. September nahm er Theil an der Schlacht bei Borodino und schlug den König Murat bei Woronowa. 1813 befehligte er die russische Reserve-Armee.

In der Schlacht bei Leipzig am 18. October 1813 führte General Bennigsen den Oberbefehl über die 3. Hauptcolonne der verbündeten Armee. Zu derselben gehörten: das Kosackencorps von Platow, das 4. österreichische Armeecorps Klenau, die 2. österreichische leichte Division Bubna und die russische Reserve-Armee. Mit beiden letzten Heeresabtheilungen war General Bennigsen erst am 17. October Nachmittags vom Marsche aus Böhmen bei Leipzig eingetroffen. Am 18. October früh 3 Uhr marschirten Platow von Zweenfurth über Hirschfeld gegen den heitern Blick, Bubna von Brandis über Beucha gegen Klein-Pössna und, nachdem die

Franzosen aus letzterem Orte gewichen, auf der Wurzener Strasse weiter gegen Paunsdorf vor. Die russische Reservearmee vereinigte Bennigsen früh 6 Uhr hinter Fuchshain und dirigirte sie, nachdem ihre Avantgarde Baalsdorf und die Zauche genommen, auf Zweinaundorf und Mölkau. Das Corps von Klenau vertrieb die noch in Liebertwolkwitz befindlichen Franzosen, besetzte den Colmberg und marschirte auf Holzhausen und Zuckelhausen. Hierdurch hatte die Colonne Bennigsen's das Terrain von Paunsdorf bis Zuckelhausen inne und kämpfte auf demselben gegen die Truppen des Marschall Macdonald und die des General Reynier. Das Klenau'sche Corps eroberte Holzhausen, Zuckelhausen und den Steinberg, die russische Reservearmee Ober- und Unterzweinaundorf und Mölkau, Bubna — in Gemeinschaft mit dem 3. preussischen Armeecorps Bülow von der Nordarmee — Paunsdorf. Klenau's Angriffe auf Stötteritz blieben ohne glücklichen Erfolg. Diese Kämpfe, von beiden Seiten mit grösster Tapferkeit geführt, währten bis zur einbrechenden Nacht, in welcher die Truppen Bennigsen's, mit Ausschluss Platow's, der nach Pegau gesandt wurde, auf dem eroberten Terrain von Mölkau bis Zuckelhausen lagerten. Gegen 3 Uhr Nachmittags war der Uebergang der Sachsen in die Reihen der Verbündeten bei Stüntz erfolgt, deren Brigadier, General von Ryssel, sich sogleich dem General Benningsen meldete und sodann mit dem Oberst von Brause zu den verbündeten Monarchen auf den s. g. Monarchenhügel bei Meusdorf gerufen ward.

Der Markstein ward gesetzt an der Windmühle zu Baalsdorf auf einem dem Besitzer derselben, Herrn Jähnig, gehörigen Grundstücke.

IV. Colonne.
CARL JOHANN,
Kronprinz von Schweden.
50,000 Mann.
(No. 38.)

Kronprinz Carl Johann von Schweden — Jean Bernadotte, Fürst von Pontecorvo und Marschall von Frankreich, Sohn einer achtbaren bürgerlichen Familie, geboren am 26. Januar 1763 zu Pau im Departement der Niederpyrenäen. Nachdem er kurze Zeit studirt, trat er, seinem Hange zum Kriegerstande folgend, am 3. September 1780 als gemeiner Soldat beim Militair ein. Nach einem in den subalternen Graden langsamen Avancement stieg er im Jahre 1794 vom Capitain bis zum Divisionsgeneral. Bernadotte nahm an den Kriegen seines Vaterlandes den rühmlichsten Antheil, war im Jahre 1798 kurze Zeit französischer Gesandter in Wien und 1799 ebenfalls kurze Zeit Kriegsminister. Als Commandant der Westarmee verhinderte er am 6. Mai 1800 das Landen der Engländer auf Quiberon, ward darauf Mitglied des Staatsraths und 1803 zum Gesandten bei den Vereinigten Staaten bestimmt. 1805 erhob ihn Napoleon zum Reichsmarschall und Commandeur der 8. Cohorte der Ehrenlegion, 1805 zum Grosskreuz dieses Ordens und am 5. Juni 1806 zum souverainen Fürsten von Pontecorvo. In den Jahren 1805 bis 1809 kämpfte Bernadotte in Deutschland, insbesondere in den Schlachten von Austerlitz am 2. Decbr. 1805 und Wagram am 5. und 6. Juli 1806.

Am 18. August 1810 war Marschall Bernadotte vom König und Volk von Schweden zum Kronprinzen von Schweden erwählt worden. Als solcher trat er dem am 12. Juli 1813 zu Trachenberg von den verbündeten Monarchen geschlossenen Vertrage gegen Napoleon bei, und es ward ihm der Oberbefehl über die Nordarmee übertragen, welche am 23. August und 6. September] die Siege bei Grossbeeren und Dennewitz erfocht.

Am 16. October hatte der Kronprinz von Schweden die Nordarmee bei Landsberg zusammengezogen. Auf die am 17. October Nachts 1 Uhr vom General Blücher erhaltene Nachricht über den Sieg bei Möckern und über die weiter vorzunehmenden Operationen liess er die Armee sofort in. die Gegend von Breitenfeld abmarschiren, wo sie am Abend anlangte und Bivouaks bezog. Der Kronprinz und General Blücher vereinigten sich für den am 18. October beabsichtigten Kampf dahin, dass letzterer dem Kronprinzen das Langeronsche Corps mit St. Priest für diesen Tag überliess, welches bei Mockau die Parthe überschreiten, während die Nordarmee von Taucha her das französische Heer angreifen sollte.

Am 18. October Nachmittag 3 Uhr traf die Nordarmee auf dem Schlachtfelde ein, besetzte das Terrain zwischen der schlesischen Armee und der Division Bubna (Schönfeld und Paunsdorf) und griff sofort in den Kampf ein. General Bülow mit dem 3. preussischen Corps und der Raketen-Batterie des Capitain Bogue, zwischen Paunsdorf und der Taucher Strasse, eroberte Paunsdorf, Stüntz und Sellerhausen, ersteren Ort in Gemeinschaft mit der Division Bubna von Bennigsen's Heer; die Generale Winzingerode und Woronzow, zwischen der Taucher Strasse und Schönfeld, warfen die ihnen gegenüberstehenden Truppen des 3. französischen Corps nach Volkmarsdorf, Reudnitz und Crottendorf zurück; General Langeron, der schon

Vormittag von 9 Uhr an die Parthe bei Mockau überschritten hatte, eroberte Schönfeld; das schwedische Corps war bei Portitz in Reserve verblieben. Nach Beendigung der Schlacht am Abend hielt die Nordarmee den Höhenzug von Schönfeld bis nach Sellerhausen und Stüntz besetzt.

Der Markstein ward errichtet an der Chaussée nach Taucha an dem von St. Thekla nach Paunsdorf führenden Wege auf einem Grundstücke des Fräulein von Eberstein zu Schönfeld.

CAPITAIN BOGUE,
englische Raketen-Batterie.
(No. 40.)

Die englische Raketen-Batterie, befehligt von dem Capitain Bogue, die einzige bei Leipzig kämpfende englische Truppe, kurze Zeit vorher erst in Woolwich organisirt, gehörte am 18. October 1813 zum 3. preussischen Armeecorps Bülow bei der Nordarmee.

Dieselbe hatte bei ihrem Eintreffen auf dem Schlachtfelde nach 3 Uhr Nachmittags östlich von Paunsdorf Position gefasst und beschoss die neben dem Dorfe aufgefahrenen französischen Batterien, sowie die hinter demselben befindlichen französischen Truppenmassen. Nachdem Paunsdorf erobert und Bülow gegen Sellerhausen vordrang, avancirte auch die Raketen-Batterie und richtete ihr Feuer auf die vor Sellerhausen an der Wurzener Chaussée aufgestellten Franzosen; mit besonderem Nachdruck wirkten die abgebrannten Raketen auf die französische Cavallerie. Der Capitain Bogue ward hierbei (gegen 5 Uhr Nachmittags) getödtet. Später soll die Raketen-Batterie nordwestlich von Pauns-

dorf in der Nähe der Tauchaer Strasse gegen die aus
Volkmarsdorf vorrückenden Franzosen vortreffliche
Dienste geleistet haben. Capitain Bogue wurde am
20. October zu Taucha begraben; die Raketiers erhielten wegen ihres Wohlverhaltens während der Schlacht
die Erlaubniss, auf ihren Helmen und Satteldecken den
Namen „*Leipzig*" zu führen.

Der Markstein ward gesetzt an dem von Paunsdorf nach dem „heiteren Blick" führenden Wege auf
einem Grundstücke des Rittergutsbesitzers Herrn Körner
zu Paunsdorf.

GENERAL GRAF LANGERON.
30,000 Mann.
(No. 30.)

General Langeron, für den 18. October unter die
Befehle des Kronprinzen von Schweden gestellt, hatte
die Bestimmung, bei Mockau und Plösen die Parthe zu
überschreiten und bei dem Angriff der Nordarmee von
Taucha her auf deren rechten Flügel mitzuwirken. Um
9 Uhr Vormittags traf Langeron bei Mockau ein, überschritt sogleich die Parthe, vertrieb die Franzosen bei
der St. Theklakirche, von den dortigen Höhen und aus
Abtnaundorf und schritt Mittag 1 Uhr zum Sturm auf
Schönfeld. Der Kampf um dieses Dorf, welches Marschall Marmont mit dem 6. französischen Corps auf das
heldenmüthigste vertheidigte, war einer der heissesten
und schrecklichsten während beider Tage. General
Schapskoy führte den ersten Angriff auf das Dorf aus,
General Pillar stürmte die Gärten auf der Ostseite des
Dorfes, General Udom drang längs der Parthe vor und
die Generale Kapzewitzsch, Olsufiew und St. Priest

führten fortwährend neue Truppen ihrer Corps in den verheerenden, von wechselndem Glücke begleiteten Kampf, in welchem sich Russen und Franzosen an Tapferkeit gegenseitig überboten. Erst 6 Uhr Abends gelang den Russen die Eroberung des inzwischen in Brand geschossenen Dorfes.

General Langeron hielt hierauf in der Nacht Schönfeld und das Terrain bis an Reudnitz besetzt.

Der Markstein steht östlich von Abtnaundorf am Wege nach Cleuden auf einem Grundstücke der Gemeinde Schönfeld und trägt auf der dem Schlachtfeld zugekehrten breiten Seite die Inschrift:

STURM AUF SCHOENFELD
AM 18. OCTOBER 1813.

V. Colonne.

GENERAL VON BLÜCHER.
25,000 Mann.
(No. 36.)

Nach der siegreichen Schlacht von Möckern am 16. October hatte die schlesische Armee das Terrain von Möckern nördlich über Eutritzsch bis an Mockau heran inne. Um für die am 18. October beabsichtigte Schlacht eine nähere und vortheilhaftere Stellung zu erlangen, liess General Blücher am 17. Vormittags zwischen 9 und 10 Uhr durch die Generale Sacken und St. Priest die in Gohlis und Eutritzsch stehenden französischen Truppen vertreiben und besetzte beide Dörfer. Die russische Husaren-Division vom Sackenschen Corps unter den Generalen Wassiltschikoff und Lanskoi führte hierbei einen kühnen Angriff auf die Reiterei des Herzogs von Padua aus, verfolgte diese bis an's Hallesche Thor im Rücken der Dombrowskischen Truppen und erbeutete dort 500 Gefangene und 5 Geschütze.

Am 18. October hatte General Blücher in Folge geschlossener Uebereinkunft die Generale Langeron und St. Priest dem Kronprinzen von Schweden überlassen. General Sacken kämpfte gegen die Truppen des General Dombrowski beim Vorwerk Pfaffendorf und der Scharfrichterei, während York, ersterem zur Reserve dienend, das Eindringen der Franzosen in Gohlis verhinderte. Das Vorwerk Pfaffendorf ward in Brand geschossen, doch gelang dem General Sacken nicht, dasselbe in seine Gewalt zu bekommen; es hatten aber die Anstrengungen seiner Truppen den wichtigen Erfolg, dass sie die nach Schönfeld beorderten französischen Unterstützungstruppen von ihrer Bestimmung abzogen. General Blücher, welcher sich an diesem Tage abwechselnd bei Eutritzsch und Mockau aufhielt, hatte den Angriff Langeron's auf Schönfeld durch eine auf der Höhe zwischen Eutritzsch und Schönfeld aufgefahrene grosse Batterie untersützt, welche durch ihr Feuer das Dorf auf mehreren Stellen in Brand schoss. Den General York sandte er auf die erhaltene Nachricht vom Rückzug der Franzosen Abends zur Verfolgung des Feindes nach Merseburg und Halle; das Corps von Sacken blieb in der Stellung zwischen Gohlis und der Parthe.

Der Markstein ward errichtet südlich von Eutritztsch an der Strasse nach Delitzsch auf einem dem Gutsbesitzer Herrn Gräfe zu Eutritzsch gehörigen Feldgrundstücke.

Der Monarchenhügel bei Meusdorf.

An diesem vom 19. October-Verein errichteten Denkmale sollen die drei verbündeten Monarchen die Siegesnachricht empfangen haben, indem ihnen Fürst Schwarzenberg am 18. October die in der Ferne zurückziehenden französischen Colonnen gezeigt, worauf Kaiser Alexander Befehl gab, um Menschenblut zu schonen, den Sturm auf Probstheida abzubrechen. Westlich liegt in der Nähe der Schenkwirthschaft von Meusdorf ein Hügel mit dem Denkmale des Fürsten Carl von Schwarzenberg, welches seine Familie dem Helden errichtet hat. Es ist die Pflicht des Führers, zu erwähnen, dass in früheren Zeiten dieser Hügel als derjenige bezeichnet wurde, wo die Monarchen von Schwarzenberg die Siegesnachricht erhielten. Die Lösung dieser Frage ist wohl ebenso schwierig, als es schwer zu glauben ist, dass die Monarchen den ganzen Tag über auf einem und demselben Punkte geweilt haben. Die Fernsicht und Umgebung spricht allerdings günstiger für den Ort, wo das Denkmal des 19. October-Vereins steht, und da viele Schriftsteller und jetzt auch die Meinung des Volkes diese Ansicht theilen, so hielt es der Führer für Pflicht, dem ihm folgenden Begleiter diese Mittheilung zu machen.

Französische Linie:

PONIATOWSKI.
AUGEREAU.
VIII. und IX. Corps.
OUDINOT.
III. und IV. Division der jungen Garde 30,000 Mann.
(No. 33.)

Die auf dem Marksteine genannten Marschälle Poniatowski, Augereau und Oudinot kämpften am 2. Schlachttage von Leipzig, den 18. October, unter König Murat's Oberbefehl gegen die Truppen der 1. Colonne der Verbündeten unter dem Erbprinzen von Hessen-Homburg, später Grafen von Nostitz, um den Besitz der Dörfer Dösen, Dölitz, Lössnig und Connewitz. Poniatowski hielt mit dem 8. Corps die Linie von Dölitz bis Connewitz besetzt, Oudinot mit der 3. und 4. Division der jungen Garde stand zur Linken Poniatowski's, Augereau mit dem 9. Corps zum Theil in Dösen, der andere Theil des Corps hinter den Lössniger Teichen. In der buschigen Aue von Dölitz bis Connewitz focht General Semélé gegen das 2. österreichische Armeecorps des Feldmarschalllieutenant Lederer. Ausserdem hatte Poniatowski an Unterstützungstruppen das östlich von Connewitz aufgestellte 4. Reitercorps Kellermann und die in der ersten Nachmittagsstunde wieder eingetroffene 2. Division der alten Garde Curial. Nach heftigem Kampfe verloren die französischen Truppen die Dörfer Dösen, Dölitz und Lössnig an die Verbündeten, behaupteten aber Connewitz. Während der Nacht lagerten dieselben von Connewitz nach Probstheida hinüber.

Der Markstein ward gesetzt östlich von Connewitz am Wege nach Lössnig auf einem dem Herrn Banquier Seyfferth zu Leipzig gehörigen Grundstücke.

VICTOR.
LAURISTON.
II. und V. Corps, 30,000 Mann.
(No. 31.)

Die Marschälle Victor und Lauriston vertheidigten und behaupteten unter König Murat's Oberbefehl am Nachmittag des 18. October das Dorf Probstheida, den wichtigsten Punkt der französischen Stellung auf der Südseite Leipzigs, gegen die Angriffe der 2. Colonne der Verbündeten unter dem General Barclai de Tolly. Ihre Aufstellung war folgende: Marschall Victor's Truppen, das 2. französische Corps, hatten Probstheida besetzt und dehnten sich gegen Dösen, wo Augereau kämpfte, aus; rechts neben dem Dorfe war die Artillerie unter Drouot aufgefahren. Lauriston mit dem 5. Corps stand nach dem Zurückgehen des bei Holzhausen postirten Marschall Macdonald gegen Stötteritz, theils hinter, theils links neben Probstheida. Ausserdem befanden sich westlich von Probstheida noch das 1. und 5. Reitercorps.

Der Markstein ward errichtet südlich von Probstheida an der Strasse nach Meusdorf auf einem Feldgrundstücke des Gemeindevorstandes Herrn Sperling zu Probstheida.

MACDONALD.
XI. Corps 12,000 Mann.
(No. 27.)

Zu Folge der vom Kaiser Napoleon in der Nacht vom 17. zum 18. October befohlenen neuen Aufstellung der französischen Armee besetzte Marschall Macdonald durch das 11. französische Corps Zuckelhausen mit der 39. Division, aus badenschen und hessendarmstädtischen Truppen bestehend, Holzhausen mit der 36. Division Charpentier, den dahinterliegenden Steinberg mit der 31. Division Gérard. Als Reserve sollte ihm das 5. französische Corps Lauriston dienen, das zwischen Stötteritz und Probstheida Position nahm und Kleinpössna, Baalsdorf und die Zauche besetzte. Ausserdem standen noch das 2. Reitercorps Sebastiani und die Gardecavallerie von Walther zwischen Holzhausen und Zweinaundorf, die Gardecavallerie von Nansouty nordöstlich von Stötteritz.

In dieser Aufstellung bildete Marschall Macdonald das Centrum der um Leipzig gezogenen französischen Armee und kämpfte gegen die 3. Colonne der Verbündeten unter General Bennigsen. Die Dörfer Kleinpössna und Baalsdorf und die Zauche wurden der Vorhut der Bennigsenschen Armee nach kurzem Widerstande überlassen, heisser aber tobte der Kampf auf der Linie von Zuckelhausen bis Mölkau. Der grössten Tapferkeit Macdonald's und seiner Schaaren ungeachtet verlor er bis zum Abend Holzhausen, Zuckelhausen, den Steinberg, Ober- und Unterzweinaundorf und Mölkau, nur die Angriffe des General Klenau auf Stötteritz wurden glücklich zurückgeschlagen. Nach dem Verluste von Holzhausen, Zuckelhausen und dem Steinberg in der 2. Nachmittagsstunde hatte sich Macdonald gegen Stötteritz zurückgezogen und Lauriston war mit dem 5. Corps zum Beistande Victor's nach Probstheida abmarschirt.

Bei Beendigung der Schlacht am Abend behielt Marschall Macdonald Position zwischen Stötteritz und Crottendorf.

Der Markstein hat seinen Stand am westlichen Fusse des Steinbergs, wo sich die Wege von Stötteritz nach Holzhausen und von Zweinaundorf nach Zuckelhausen kreuzen, auf einem Grundstücke des Gutsbesitzer Herrn Oehmigen in Zuckelhausen.

GENERAL REYNIER.
VII. Corps 10,000 Mann.
(No. 39.)

Reynier, Jean Louis Ebenezer, französischer General, geboren 1771 zu Lausanne, studirte in Paris Mathematik und trat beim Ausbruch der Revolution in die französische Armee. Er kämpfte in den Feldzügen Frankreichs in den Jahren 1792 bis 1795, stieg zum Brigadegeneral und ward nach dem Frieden mit Preussen 1795 mit Regulirung der Demarcationslinie beauftragt. 1796 war Reynier Chef des Generalstabes der Rheinarmee unter Moreau und 1798 folgte er, zum Divisionsgeneral befördert, Napoleon nach Aegypten. Nachdem er sich dort rühmlichst ausgezeichnet, erhielt er das Gouvernement der Provinz Charkieh. 1799 und 1800 focht Reynier tapfer in Syrien, insbesondere in der Schlacht bei Heliopolis am 20. März 1800, und war darauf von 1801 bis 1806 ausser Dienst. Im letzteren Jahre wurde er neapolitanischer Kriegsminister, 1809 aber von Napoleon nach Deutschland gerufen, wo er in der Schlacht bei Wagram am 6. Juli die Sachsen unter Bernadotte befehligte. 1810 und 1811 kämpfte Reynier in Spanien. In den Feldzügen 1812 und 1813 war er an die Spitze des 7. französischen Corps gestellt, zu welchem das sächsische Contingent gehörte, und focht mit demselben bei Podobna am 12. August, Wolkowysk am 15. October 1812, auf dem Rückzuge aus Russland bei Kalisch am 12. Februar, bei Bautzen am 20. und 21. Mai und in den für die französischen Waffen unglücklichen Schlachten bei Grossbeeren und Dennewitz am 23. August und 6. September 1813. Nach der letzteren nahm General Reynier die Sachsen, welchen Marschall Ney den Verlust dieser Schlacht Schuld gab, obgleich sie fast allein noch eine geschlossene Ordnung bewahrt hatten, energisch in Schutz und erliess ein Rechtfertigungsschreiben an Napoleon.

Zur Schlacht bei Leipzig am 18. October traf General Reynier, von Düben kommend, mit dem 7. Corps am Morgen des 17. Octobers am heitern Blick ein und bezog sogleich auf Anordnung des Marschall Ney, unter dessen Oberbefehl das Corps gestellt war, zwischen Paunsdorf und Schönfeld Position und besetzte Neutzsch. Bei Einbruch der Nacht marschirte die Division Guilleminot auf Befehl Napoleons nach Lindenau ab, so dass für die Schlacht am 18. October das 7. Corps nur noch aus der französischen Division Durutte und der sächsischen Division des Generallieutenant von Zeschau bestand. Diese Truppen hatten bei Beginn der Schlacht folgende Aufstellung: Die Division Durutte lehnte sich mit dem rechten Flügel an Paunsdorf und besetzte in Gemeinschaft mit 2 Compagnien des sächsischen Bataillons Lecoq dieses Dorf, das Gros der Sachsen stand zwischen Paunsdorf und Stüntz, die leichte Reiterei, das Bataillon Sahr und die reitende Batterie Birnbaum zwischen dem heitern Blick und der Parthe. General Reynier vertheidigte mit diesen Truppen auf das Tapferste sein innehabendes Terrain gegen die Angriffe der zum Heere Bennigsens gehörigen österreichischen Division Bubna. Mit wechselndem Glücke wurde das Dorf Paunsdorf verloren und wieder gewonnen; erst, nachdem das 3. preussische Armeecorps Bülow von der Nachmittags 3 Uhr auf dem Schlachtfelde eingetroffenen Nordarmee in den Kampf eingegriffen, war General Reynier gezwungen, aus Paunsdorf, sowie später aus Stüntz und Sellerhausen nach Crottendorf sich zurückzuziehen, wo er für die Nacht Bivouaks bezog.

Die durch den Uebergang der Sachsen bei Stüntz entstandene Lücke hatte Reynier durch die zu einem Angriffe hierher beorderten Truppen unter General Nansouty wieder ausgefüllt.

Der Markstein hat seinen Stand östlich von Mölkau bei der der Gemeinde Mölkau gehörigen Sandgrube.

NEY,
Fürst v. d. Moskwa,
linker französ. Flügel.
(No. 41.)

Ney, Michael, Fürst von der Moskwa, Herzog von Elchingen und Marschall von Frankreich, geboren zu

Saarlouis am 10. Jan. 1769, war der Sohn eines Bäckers und kam im 13. Jahre auf die Schreibstube eines Notars, folgte jedoch später seiner Neigung zum Kriegerstande und trat am 6. Decbr. 1788 als Gemeiner beim Militair ein. Seine Beförderung war im Anfang eine langsame, erst die weiter um sich greifende Revolution gab ihm Gelegenheit, Beweise unerschrockenen Muthes und glänzender Tapferkeit zu geben und schneller auf seiner strahlenden Ruhmeslaufbahn vorwärts zu schreiten; er ward am 25. April 1794 Capitain, am 10. Decbr. desselben Jahres General-Adjutant und Brigadechef, 1796 Brigadegeneral, 1799 Divisionsgeneral, 1801 General-Inspector der Cavallerie und darauf französischer Gesandter in der Schweiz. Am 19. Mai 1804 erhob ihn Napoléon zum Reichsmarschall und am 14. Juni zum Grossoffizier der Ehrenlegion und Chef der siebenten Cohorte, am 2. Februar 1805 zum Grosskreuz dieses Ordens. Im Kriege gegen Oesterreich 1805 lieferte Marschall Ney am 11. October das Treffen bei Elchingen, von welchem er zwei Jahre später den Herzogstitel erhielt, und unterwarf nach der Capitulation von Ulm Tyrol. An der Spitze des 6. franz. Corps focht er 1806 am 14. October in der Schlacht bei Jena und 1807 am 14. Juni bei Friedland; in den Jahren 1808 bis 1811 kämpfte er in Spanien. Im russischen Feldzuge befehligte er das 3. Corps und ward von Napoleon nach der Schlacht an der Moskwa vom 7. September, an welcher er so rühmlichen Antheil genommen, zum Fürsten von der Moskwa erhoben. Mit Muth, Unerschrockenheit und Geistesgegenwart deckte hierauf Marschall Ney den Rückzug Napoleons aus Russland. 1813 kämpfte er in den Schlachten bei Lützen am 2. Mai, bei Bautzen am 20. und 21. Mai, bei Dresden am 26. und 27. August; am 6. Sept. verlor er die Schlacht bei Dennewitz.

Am zweiten Schlachttage von Leipzig, den 18. Octbr., befehligte Marschall Ney den linken Flügel der bei Leipzig kämpfenden französischen Armee auf dem Terrain vom Rosenthale über Schönfeld bis Paunsdorf und Stüntz, und es stritten unter seinem Oberbefehl der General Dombrowski am Rosenthal, bei dem Vorwerk Pfaffendorf und der Scharfrichterei, der Marschall Marmont mit dem 6. Corps in Schönfeld, General Reynier mit dem 7. Corps bei Paunsdorf. Diese Truppen haben besondere Marksteine erhalten, wobei auch ihre specielle Thätigkeit verzeichnet steht. Das 3. Corps hatte in der Intervalle zwischen Marmont und Reynier Aufstellung genommen, und zwar lehnte die Division Delmas mit dem rechten Flügel an der Tauchaer Strasse, ein anderer Theil des Corps unter Souham stand als Reserve hinter dem 6. Corps Marmont bei Schönfeld, die Division Riccard rückte während der Schlacht aus Reudnitz zur Unterstützung vor. Dies Corps bekämpfte vorzüglich die ihm gegenüberstehenden russischen Corps der Generale Winzingerode und Woronzow von der Nordarmee und ward nach Volksmarsdorf und Reudnitz zurückgeschlagen. Marschall Ney, sowie die Generale Souham und Delmas, wurden bei diesem Kampfe verwundet.

Die nach der Schlacht bei Möckern noch in der Nacht vom 16. zum 17. October zur Uebernahme des Vorpostendienstes in die Gegend der St. Theklakirche abgeschickte württembergische Cavalleriebrigade Normann war im Laufe des Vormittags in der Gegend zwischen dem heiteren Blick und Taucha zu den Verbündeten übergetreten.

Der Markstein ward gesetzt östlich von Volksmarsdorf an dem von der Tauchaer Chaussée nach Schönfeld führenden Wege auf einem Grundstücke des Gutsbesitzer Herrn Kanitz zu Schönfeld.

MARSCHALL MARMONT,
VI. Corps, 15,000 Mann.
(No. 29.)

Marschall Marmont hatte nach der verlornen Schlacht bei Möckern vom 16. October am folgenden Tage, den 17., hinter der Parthe zwischen Leipzig und Schönfeld Position genommen und vertheidigte mit seinem Corps am 2. Schlachttage, den 18. October, unter des Marschall Ney Oberbefehl das Dorf Schönfeld gegen die Angriffe des Generals Langeron. Ewig ruhmvoll, wie bei Möckern, focht Marmont mit seinem tapferen Corps auch hier und war bemüht, dieses Dorf, den Stützpunkt des französischen linken Flügels, zu halten. Abends 6 Uhr sah er sich jedoch genöthigt, den brennenden Ort zu verlassen und sich näher an Leipzig nach Volkmarsdorf und Reudnitz zurückzuziehen, wo seine Truppen während der Nacht zum 19. October bivouakirten.

Der Markstein ward gesetzt nördlich von Schönfeld bei einer der Gemeinde Schönfeld gehörigen Sandgrube und trägt auf der den Gegnern zugekehrten breiten Seite die Inschrift:

KAMPF UM SCHOENFELD,
AM 18. OCTOBER 1813.

GENERAL DOMBROWSKI.
5000 Mann.
(No. 37.)

General Dombrowski, welcher am 16. October bei Wiederitzsch gegen Langeron gefochten, hielt am 17.

die Dörfer Gohlis und Eutritzsch besetzt. Von Blücher Vormittags zwischen 9 bis 10 Uhr durch General Sacken in Gohlis und durch General St. Priest in Eutritzsch angegriffen, wurde Dombrowski gezwungen, näher an Leipzig zurückzugehen und er stellte sich beim Vorwerk Pfaffendorf, der Scharfrichterei und im Rosenthale auf. In dieser Stellung behauptete sich Dombrowski während des 18. Octobers gegen die Angriffe des Sackenschen Corps von der schlesischen Armee. Bei diesem Kampfe wurde das von den Franzosen zu einem Lazareth hergerichtete Vorwerk Pfaffendorf in Brand geschossen, wodurch viele Verwundete in den Flammen ihren Tod fanden.

Der Markstein steht nördlich von Leipzig auf dem vom Rathe daselbst überlassenen städtischen Grundstücke, vor welchem sich die Wege von Leipzig nach Gohlis und von Pfaffendorf nach Eutritzsch kreuzen.

MARSCHALL MORTIER.
I. und II. Division der jungen Garde, 10,000 Mann.
(No. 35.)

Marschall *Mortier* war am zweiten Schlachttage von Leipzig, den 18. October, mit der 1. und 2. Division der jungen Garde anfänglich zur Unterstützung des Marschall Victor in Probstheida bestimmt. Nachdem aber dem General Bertrand mit dem 4. Corps der Abmarsch nach Weissenfels befohlen war, wurde Mortier vom Kaiser Napoleon zum Ersatz dieser Truppen nach Lindenau gesandt, woselbst er gegen Mittag eintraf und die Stellung Bertrand's bezog.

Der Markstein ward gesetzt an dem von der Lützener Chaussée nach der Brauerei führenden Wege auf einem dem Besitzer der letzteren, Herrn Offenhauer, gehörigen Feldgrundstücke.

Der Napoleonstein.

Dieser geschichtlich denkwürdige Platz, in den französischen Berichten „*moulain Fa*" verzeichnet, in den deutschen „Tabaksmühle von Quandt und Mangelsdorf" genannt, war lange Zeit mit einem nicht allzugrossen Würfel versehen, bis im Jahre 1857 der Verein zur Feier des 19. Octobers durch eine grosse Granitplatte ein der Bedeutung des Ortes würdiges Denkmal errichtete. Kaiser Napoleon I. hielt sich den grössten Theil des 18. Octobers hier auf, um von hier aus die Schlacht zu leiten. Ein grosses Feuer brannte neben ihm, welches mehrmals die einschlagenden Kanonenkugeln zerstörten, auch die Flügel der Windmühle sollen oft das Ziel der feindlichen Geschosse gewesen sein. An diesem Orte empfing der Kaiser von den Generalen Sorbier, Dulauloy und Drouot die Nachricht, dass nur noch 16,000 Geschosse für die Artillerie in Vorrath seien, und befahl, wohl zum erstenmal, die Munition zu schonen. Hier trafen ihn die Unglücksnachrichten von der immer wachsenden Uebermacht seiner Feinde. Er gab gegen 4 Uhr Nachmittags den Befehl zum Rückzug; dann sank er, ermüdet von den Mühen der letzten Tage, auf seinen Feldstuhl und schlummerte neben dem Tisch, auf welchem die Karten lagen, während die Kanonen der Kämpfenden fort und fort vom Wüthen der nahen Schlacht Zeugniss gaben. Auf der unfern gelegenen Chaussée zogen schon Tausende seiner Krieger nach Leipzig zu; immer drohender ward der Kanonendonner, aber keiner der ihn umstehenden Generale und Würdenträger wagte, den Schlaf des Kaisers zu stören. Da sprengte der König Murat heran, der heute den rechten Flügel der französischen Armee von Dölitz bis nach Probstheida hinüber commandirte. Er trat an das Wachtfeuer und bedrängt von den Bitten der Umstehenden rief er den schlummernden Kaiser wach. Napoleon erhob sich, warf einen langen, forschenden Blick im Kreise umher und ertheilte dann ruhig und gefasst seine Befehle. Mit einbrechender Dunkelheit verliess Kaiser Napoleon den kleinen Hügel, der ein Wallfahrtsort für Einheimische und Fremde bleiben wird, so lange die Geschichte Kunde giebt von der Völkerschlacht bei Leipzig.

Wanderung durch das Schlachtfeld von Leipzig am 18. October.

Der ausführliche Besuch des Schlachtfeldes des 18. Octobers von Leipzig und der darauf befindlichen Marksteine dürfte für den Fussgänger ebenfalls den Zeitraum eines ganzen Tages in Anspruch nehmen.

Der Wanderer begebe sich des Morgens früh durch das Hallesche Thor auf den Weg nach Gohlis, wo er an der mit Pappeln und Kastanien bepflanzten Stelle, vor welcher sich die Wege von Leipzig nach Gohlis und von Pfaffendorf nach Eutritzsch kreuzen, den Markstein

1) *Dombrowski* (s. S. 84) findet. Verfolgt er den letzteren Weg, so gelangt er vor dem Dorfe Eutritzsch nahe der Chaussée zum Markstein

2) *Blücher* (s. S. 73). Von hier wende er sich über die Parthe nach Abtnaundorf. Oestlich dieses Dorfes am Wege nach Cleuden erhebt sich der Stein

3) *Langeron* (s. S. 72). Derselbe Weg führt in etwas südwestlicher Richtung vor dem Dorfe Schönfeld zum Stein

4) *Marmont* (s. S. 84). Von Schönfeld nach der Taucharer Strasse. Hier befindet sich, östlich von Volkmarsdorf, der Markstein

5) *Ney* (s. S. 81) und weiter nordöstlich an derselben Strasse, wo sie von dem Paunsdorf-Theklaer Weg durchschnitten wird, der Markstein

6) *Carl Johann, Kronprinz von Schweden* (s. S. 69). Nordöstlich von Paunsdorf am Wege nach dem Vorwerk „heitrer Blick" ward der Stein für den englischen
7) *Capitain Bogue* (s. S. 71) errichtet. Von hier südlich nach Mölkau. Daselbst erhebt sich an der Sandgrube der Stein
8) *Reynier* (s. S. 79). Ueber Zweinaundorf nach Baalsdorf marschirend, gelangt man an der Windmühle des letzteren Ortes zum Stein
9) *Bennigsen* (s. S. 67) und südwestlich an Holzhausen vorüber nach dem Steinberg, an dessen westlichem Fusse der Stein
10) *Macdonald* (s. S. 78) sich befindet. Südlich über Zuckelhausen nach dem Gasthofe Meusdorf. Mehrere hundert Schritte südöstlich von demselben nahe der Chaussée, erheben sich
11) *Der Monarchenhügel* (s. S. 75) und der Markstein
12) *Barclai de Tolly* (s. S. 65). Bei Dölitz am Wege nach Dösen gelangt man sodann zum Stein
13) *Erbprinz von Hessen-Homburg* (s. S. 63), die Strasse nördlich nach Leipzig verfolgend bei Connewitz am Wege nach Lössnig zum Stein
14) *Poniatowski, Augereau, Oudinot* (s. S. 76). Von Connewitz nunmehr östlich nach Probstheida zum Markstein
15) *Victor, Lauriston* (s. S. 77) südlich vom Dorfe an der Chaussée zur Seite des Chausséehauses. Von hier begebe sich der Wanderer auf der Strasse nach Leipzig zu dem links derselben in der Nähe des Vorwerks Thonberg befindlichen
16) *Napoleonstein* (s. S. 86), wo er die Wanderung des Tages beschliesst.

Ehe der Führer vom Besucher des Schlachtfeldes, den er zu dessen Marksteinen geleitet, Abschied nimmt, bittet er, noch Nachstehendes zu berücksichtigen. Er ist überzeugt, dass die wichtigsten Stellen der Schlachtfelder vom 16. und 18. October 1813 mit Marksteinen bezeichnet worden sind, doch ist er weit davon entfernt, seine Arbeit schon jetzt für vollendet zu halten. Noch fehlen die Marksteine für den gewaltigen Reiterangriff, durch welchen Murat, König von Neapel, am 16. gegen 3 Uhr Nachmittags von Wachau die Mitte der Verbündeten vor Güldengossa zu zersprengen trachtete; noch fehlt ein Denkmal in der Nähe von Wachau und Meusdorf, das Standquartier des Kaisers Napoleon während der Schlacht von Wachau am 16. zu bezeichnen. Ebenso ist es wünschenswerth, die Stelle in den ausgetrockneten Teichen bei Meusdorf zu markiren, wo am 16. Abends Napoleons Zelt aufgeschlagen wurde und er den gefangenen Grafen von Meerveldt empfing, auch werden Viele wünschen, die Stelle kennen zu lernen, an welcher der Graf von Meerveldt von den Polen gefangen ward. Ein Gleiches gilt von dem Standquartier Blücher's während der Schlacht von Möckern am 16. bei Lindenthal.

Dass die genannten Stellen noch nicht mit Marksteinen versehen wurden, wird der Besucher des Schlachtfeldes gewiss verzeihen, wenn er bedenkt, dass bei der ungeheuren Ausdehnung der zu markirenden Fluren und bei der grossen Masse der dazu nöthigen

Marksteine der Unternehmer der Markirung ganz allein dastand, keinen Vorgänger hatte, welcher ihm das bei jeder neuen Arbeit unerlässliche Lehrgeld wenigstens zum Theil ersparte, und das Verfahren bei Auswahl des Platzes, sowie das Setzen der Steine selbst, mancherlei Erfahrungen bedarf, die denn ohne gehörigen Zeitaufwand nicht zu erlangen sind. Uebereilung aber schadet stets, und da dem Führer gerade daran liegt, die Besucher des Schlachtfeldes möglichst wahr und klar zu bedienen, so hält er es für seine Pflicht, den für das Studium der Schlacht so höchst wichtigen October dieses Jahres abzuwarten, ehe er in der Markirung der historischen Fluren weiter geht. Dasselbe gilt auch von der Markirung des am 14. October stattgefundenen grossen Reitergefechts bei Liebertwolkwitz, welches als Vorspiel der Schlacht seine Markirung finden muss, aber in einer Art und Weise, die eine Verwechselung mit den auf demselben Terrain befindlichen Marksteinen vom 16. October unmöglich macht. An der Bezeichnung der für den 19. October wichtigen Stellen wollen sich Freunde des Unternehmens betheiligen, ja selbst Gesellschaften, Vereine und Innungen haben den Wunsch zu erkennen gegeben, durch Gründung eines Marksteins oder Denkmals ihre Vaterlandsliebe bleibend zu bethätigen. Die grössere Nähe der Stadt und die bereits zugesagten, oft bedeutenden Summen berechtigen zu der Hoffnung, dass hier von der einfachen Form der Marksteine abgegangen werden kann.

Ein funfzigjähriger Frieden unter dem Segen einer milden Regierung hat von den Umgebungen Leipzigs die furchtbaren Spuren der Völkerschlacht verschwinden lassen. Freundliche Dörfer mit blühenden Gärten, eingeschlossen von reichtragenden Saatfeldern, erfreuen das Auge und laden zum Genuss der sich darbietenden

Fülle reicher Naturschönheit. Da wurde es denn wohl Zeit, dass Denkmale und Marksteine an den Blutzeugen der Schlacht, an den ewig denkwürdigen Boden des Völkerkampfes von Leipzig im October 1813, erinnern. Schon gewinnen die Helden der damaligen Zeit den mythischen Glanz der Sage und des Heldengedichts. Welcher Jubel würde unter allen Freunden der Geschichte entstehen, wenn die entzifferte Inschrift eines Steines uns den Stand der Zelte des Achilles oder Agamemnon, eines Alexander oder Cäsar bezeichnete. Noch ist es Zeit, dass wir die heranwachsende Jugend an die Stellen führen, wo ihre Grossväter sich den Lorbeerkranz der Befreiungskriege errangen, der an geschichtlicher Bedeutung auch nicht um ein Blatt denen der grössten Helden des Alterthums nachsteht. Erfüllen wir also diese höchst lohnende Pflicht, gedenken wir mit Verehrung und Dank der tapfern Streiter, welche ihr Leben für unser Vaterland opferten, und scheiden wir von Leipzigs Schlachtfelde mit dem aufrichtigen Wunsche, dass auch unsre spätesten Enkel unsre Marksteine als die letzten besuchen mögen, die auf den Schlachtenberühmten Feldern von Leipzig Kunde geben von Kampf und Krieg, d. h. vom entsetzlichsten Unheil, zu welchem die Menschen die ihnen von Gott gegebenen Kräfte gemissbraucht.

www.ingramcontent.com/pod-product-compliance
Lightning Source LLC
Chambersburg PA
CBHW032238080426
42735CB00008B/916